Gilvan Ferreira de Araújo

Telejornalismo:
da história às técnicas

EDITORA
intersaberes

O selo DIALÓGICA da Editora InterSaberes faz referência às publicações que privilegiam uma linguagem na qual o autor dialoga com o leitor por meio de recursos textuais e visuais, o que torna o conteúdo muito mais dinâmico. São livros que criam um ambiente de interação com o leitor – seu universo cultural, social e de elaboração de conhecimentos –, possibilitando um real processo de interlocução para que a comunicação se efetive.

Rua Clara Vendramin, 58 . Mossunguê
CEP 81200-170 . Curitiba . PR . Brasil
Fone: (41) 2106-4170
www.intersaberes.com
editora@editoraintersaberes.com.br

Conselho editorial
Dr. Ivo José Both (presidente)
Drª Elena Godoy
Dr. Nelson Luís Dias
Dr. Neri dos Santos
Dr. Ulf Gregor Baranow

Editor-chefe
Lindsay Azambuja

Editor-assistente
Ariadne Nunes Wenger

Preparação de originais
Bruno Gabriel

Capa e projeto gráfico
Charles L. da Silva

Diagramação
Bruna Jorge

Iconografia
Célia Kikue Suzuki

Dados Internacionais de Catalogação na Publicação (CIP)
(Câmara Brasileira do Livro, SP, Brasil)

Araújo, Gilvan Ferreira de
Telejornalismo: da história às técnicas/Gilvan Ferreira de Araújo. Curitiba: InterSaberes, 2017. (Série Excelência em Jornalismo)

Bibliografia.
ISBN 978-85-5972-518-6

1. Telejornalismo 2. Telejornalismo – História
3. Telejornalismo – Linguagem I. Título. II. Série.

17-08525   CDD-070.195

Índices para catálogo sistemático:
1. Telejornalismo 070.195

1ª edição, 2017.

Foi feito o depósito legal.

Informamos que é de inteira responsabilidade do autor a emissão de conceitos.

Nenhuma parte desta publicação poderá ser reproduzida por qualquer meio ou forma sem a prévia autorização da Editora InterSaberes.

A violação dos direitos autorais é crime estabelecido na Lei n. 9.610/1998 e punido pelo art. 184 do Código Penal.

Sumário

7   Apresentação

13   Como aproveitar ao máximo este livro

17   **Parte 01**

Capítulo 01

18   **TV: uma invenção de muitos que conquistou o Brasil**

19   Inventores e inventos que contribuíram para a criação da televisão

26   A televisão chega ao Brasil

Capítulo 02

60   **O surgimento do telejornalismo**

61   As notícias tornam-se programas de TV

68   O telejornalismo entre o sensacionalismo e a notícia

80   Mudança do público do telejornalismo

Capítulo 03
89 Tendências do telejornalismo e da audiência da TV nos dias atuais
90   Tendências do telejornalismo
98   Os índices e o perfil da audiência

113 Parte 02

Capítulo 04
114 Escrita para TV
115 Escrever para falar e para ser ouvido
121 Ver e escrever, escrever e ver
124 Uso da linguagem coloquial
130 Adequação na hora de escrever

Capítulo 05
141 Fala e imagem na TV
143 Voz, um instrumento essencial para TV
147 Como melhorar o jeito de falar
155 Tipos e funções dos microfones
159 A imagem adequada para a televisão
165 A importância da luz para a imagem
168 Enquadramento das imagens

Capítulo 06
176 Reportagem na TV
- 177 Fases de produção da reportagem
- 178 Tipos e características da reportagem
- 200 Edição ou pós-produção da reportagem na era digital

Capítulo 07
214 Entrevista e seus tipos
- 215 Os diversos tipos de entrevista
- 222 Como agir durante a entrevista

- 237 *Para concluir...*
- 240 *Glossário*
- 261 *Referências*
- 268 *Respostas*
- 273 *Sobre o autor*

A meus pais, Carmen e Antônio, a meus alunos e a todos aqueles que sonham em trabalhar com televisão.

Apresentação

Quem trabalhava com televisão até o final do século XX deve se lembrar daquelas câmeras Betacam[1], que eram carregadas nos ombros pelos repórteres cinematográficos[2]. De tão grandes e pesadas, elas exigiam o esforço de homens fortes e com resistência física em dia. Geralmente, nas coletivas, as câmeras eram apoiadas em tripés, porque, mesmo tendo boa condição física, o profissional não suportava aquele peso por muito tempo sem fazer tremer as imagens.

Com o século XXI chegou uma tecnologia mais avançada. Aquelas câmeras pesadas deram lugar a equipamentos digitais, portáteis e capazes de captar imagens e sons com uma resolução centenas de vezes melhor do que seus predecessores.

Como a tecnologia mudou, a forma de se fazer telejornalismo também se transformou. Se na década de 1980 e durante boa

---

1   Betacam era uma filmadora de meia polegada criada pela Sony em 1982. Apesar do peso, o modelo fazia sucesso por causa da qualidade de suas imagens.
2   Repórter cinematográfico é aquele profissional de jornalismo que trabalha na captação de imagens externas para reportagens ou matérias, auxiliando na construção da notícia. Deve ter registro de jornalista no Ministério do Trabalho – conhecido na área como MTB – na categoria repórter cinematográfico. Já o cinegrafista é um operador de câmera que atua geralmente no estúdio e para trabalhar precisa ter registro na Delegacia Regional do Trabalho (DRT) como radialista – operador de câmera.

parte da década de 1990 a equipe de reportagem para televisão era composta por um motorista, um repórter cinematográfico, um operador de cabo (que também cuidava da iluminação) e um repórter de texto[3], atualmente em muitas emissoras diferentes atividades são desempenhadas por dois ou até mesmo apenas um profissional. Muitas vezes, o repórter cinematográfico é também o motorista e o operador de cabos. Em verdade, com a chegada dos microfones sem fio e baterias cada vez mais resistentes, os cabos foram eliminados antes mesmo de seus operadores. Dessa forma, o repórter cinematográfico dirige o carro da equipe, opera a câmera, cuida da iluminação e do som. O repórter de texto mantém a função de preparar a narrativa dos fatos, recheando com entrevistas, passagens, sons e imagens necessários para a montagem de sua história. Em algumas emissoras e em determinados programas, já não é raro assistirmos às imagens feitas pelo próprio repórter de texto, que também dirigiu o carro até o local da cobertura.

No filme *O quarto poder* (*Mad city*), de 1997, apenas o repórter decadente Max Brackett (interpretado por Dustin Hoffman) e uma estagiária de jornalismo fazem todo o trabalho da reportagem. Eles, inclusive, dirigem o carro e operam o *link* de geração de imagens ao vivo. Nesse longa-metragem, também se veem os

---

3   Usamos aqui a especificação *de texto* apenas para diferenciá-lo do repórter cinematográfico.

Como aproveitar ao máximo este livro

Este livro traz alguns recursos que visam enriquecer o seu aprendizado, facilitar a compreensão dos conteúdos e tornar a leitura mais dinâmica. São ferramentas projetadas de acordo com a natureza dos temas que vamos examinar. Veja a seguir como esses recursos se encontram distribuídos no decorrer desta obra.

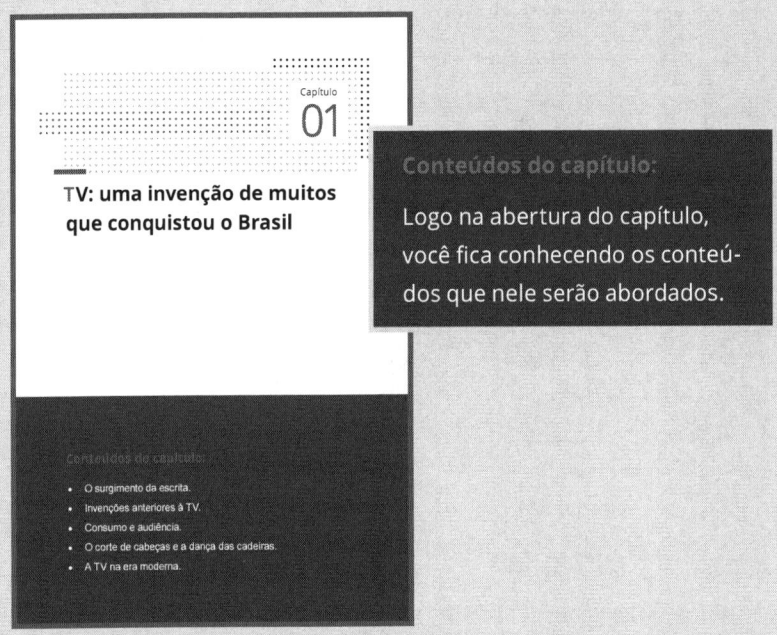

Capítulo 01

TV: uma invenção de muitos que conquistou o Brasil

Conteúdos do capítulo:
Logo na abertura do capítulo, você fica conhecendo os conteúdos que nele serão abordados.

Conteúdos do capítulo:
- O surgimento da escrita.
- Invenções anteriores à TV.
- Consumo e audiência.
- O corte de cabeças e a dança das cadeiras.
- A TV na era moderna.

Síntese

O invento da televisão não pode ser atribuído a uma só pessoa. A história desse meio de comunicação é cheia de curiosidades e avanços tecnológicos dos mais diversos, que começam desde o período pré-histórico, com as pinturas rupestres, passando pelas invenções dos alfabetos, até chegar ao mundo digital e globalizado. Sua trajetória no Brasil foi marcada por incertezas, falta de conhecimento técnico, muita competitividade e influências políticas e sociais, até se constituir como esse poder que representa hoje, sendo a mídia mais acessada do país.

Dentre os percalços enfrentados pela televisão, podemos destacar a influência da ditadura militar, que fechou emissoras, como a Excelsior e a Tupi, ao mesmo tempo em que liberou concessões a empresários de seu interesse.

Outro aspecto de relevo na história da televisão brasileira é a qualidade de sua programação, muitas vezes rejeitada pela sociedade, que a considerava de baixo nível e sempre reincidente em produções de apelos populares e de gosto duvidoso.

Síntese:

Você dispõe, ao final do capítulo, de uma síntese que traz os principais conceitos nele abordados.

Questões para revisão

1. Onde e quando foi realizada a primeira transmissão de imagens em cores da televisão?
   a) Na França, em 1948.
   b) Na Inglaterra, em 1949.
   c) Nos Estados Unidos, em 1950.
   d) Na Alemanha, em 1951.

2. Quem foi Vladimir Zworykin e qual a importância dele para a invenção da televisão?
   a) Químico sueco que descobriu que a luz altera a capacidade do selênio.
   b) Telegrafista irlandês que melhorou as transmissões telegráficas.
   c) Estudante alemão que construiu um transmissor mecânico.
   d) Russo naturalizado americano que inventou o iconoscópio (tubo de imagens).

Questões para revisão:

Com essas atividades, você tem a possibilidade de rever os principais conceitos analisados. Ao final do livro, o autor disponibiliza as respostas às questões, a fim de que você possa verificar como está sua aprendizagem.

1 TV: uma invenção de muitos que conquistou o Brasil

mesmo problema: um grupo de profissionais, como *designers*, decoradores e produtores culturais, detêm um conjunto de definições estéticas e, com base nelas, estabelece os limites que separam o bom do mau gosto.

De acordo com Mira (2010), em 1989, a TV Globo não teve mais como ignorar o crescimento da audiência do SBT aos domingos e, naquele ano, inseriu em sua grade um programa de auditório, o *Domingão do Faustão*, dirigido por Deto Costa, um dos mais experientes membros da equipe do *Programa Silvio Santos* e especialista em programas desse gênero.

Perguntas & respostas

Qual foi a melhor emissora que o Brasil já teve?

Essa resposta deve levar em consideração diversos aspectos, tais como: administração, criatividade, qualidade da programação, inovação, audiência e resultados financeiros, entre outros. Nesse sentido, a TV Excelsior pode ser considerada a melhor emissora de televisão a que o Brasil já assistiu. Tanto é que muito de sua forma de administração e produção foram copiadas por outras emissoras, como o sistema de grades de programação. A Excelsior só não conseguiu o mesmo sucesso em suas relações políticas e acabou sendo perseguida até sua falência e, então, cassada pela ditadura militar.

Perguntas & respostas:
Nesta seção, o autor responde a dúvidas frequentes relacionadas aos conteúdos do capítulo.

---

2 Entrevista e seus tipos

Estudo de caso

Quando era assessor de comunicação em determinada secretaria de saúde, o titular da pasta – um médico de grande respeitabilidade profissional, mas de pouca experiência administrativa – certa vez concedeu uma entrevista para um canal de televisão. O tema era a insuficiência de leitos no Centro de Terapia Intensiva (CTI) na cidade. A repórter já entrou no gabinete dele fazendo elogios, dizendo que o secretário era muito simpático e um médico competente. Nada disso era mentira, mas também nenhum dos elogios tinham qualquer relação com o assunto da entrevista. O secretário reagiu sorridente e sua expressão demonstrava que ele havia gostado muito dos elogios da repórter.

Apesar de ter sido orientado para a entrevista, com dados importantes a serem explicados, e até alertado sobre determinadas atitudes dos jornalistas, o secretário de saúde ignorou minhas observações e desandou a falar tudo que a jornalista queria saber. Lembro que em determinado momento, cheguei a interromper a entrevista (que não era ao vivo) para pontuar algumas falas do secretário que, em minha avaliação, teriam extrapolado (e muito) o limite da racionalidade, como o momento em que ele admitiu que os médicos da rede municipal de saúde faziam escolhas de pacientes para ocupar leitos de CTI com base na idade e nos critérios clínicos que apontavam aqueles que teriam mais

---

Estudo de caso:
Essa seção traz a seu conhecimento situações que vão aproximar os conteúdos estudados de sua prática profissional.

Curiosidade:

Nestes boxes, você confere informações complementares e interessantes a respeito do assunto que está sendo tratado.

Importante:

Algumas das informações mais importantes da obra aparecem nestes boxes. Aproveite para fazer sua própria reflexão sobre os conteúdos apresentados.

Parte 01

História e reflexões sobre a televisão e o telejornalismo

Capítulo

01

TV: uma invenção de muitos que conquistou o Brasil

Conteúdos do capítulo:

- O surgimento da escrita.
- Invenções anteriores à TV.
- Consumo e audiência.
- O corte de cabeças e a dança das cadeiras.
- A TV na era moderna.

Acreditamos que toda história, para ser bem entendida, deve ser contada desde o início. Por isso, para compreendermos como surgiu o telejornalismo, antes precisamos entender como surgiu a televisão. Neste capítulo, apresentaremos um breve panorama histórico da evolução tecnológica dos meios de comunicação, até a popularização da televisão. Ainda que sucinto, entendemos que essa retomada é extremamente importante para situarmos o telejornalismo nesse processo. Também citaremos os percalços e os avanços da televisão a partir de sua introdução no Brasil, em 1950. Analisaremos os temas consumo e audiência, ressaltando a busca das emissoras de TV por sua popularidade. Por fim, abordaremos a chegada da televisão à modernidade, numa era digital e de convergência.

1.1
Inventores e inventos que contribuíram para a criação da televisão

A evolução tecnológica pode ser entendida de diversas formas, mas, com certeza, seu objetivo maior está em oferecer à sociedade maneiras mais inteligentes de se realizar determinada atividade. Por exemplo, até a invenção da fotografia no século XIX[1],

---

1   Segundo Eduardo Neiva Júnior, no livro *A imagem* (1994), a primeira fotografia do mundo foi apresentada em 12 de junho de 1820, pelo cientista francês Nicéphore Nièpce. A imagem mostrava uma mesa posta e levou várias horas para ser feita.

a pintura era a maneira mais avançada de retratar imagens de pessoas, lugares e objetos. Em 1895, os irmãos franceses Louis e Auguste Lumière exibiram filmes utilizando um equipamento inventado por eles, o cinematógrafo[2]. Foi assim que as imagens estáticas da fotografia começaram a ganhar movimentos, dando origem ao cinema.

Depois do cinema, surgiu a televisão e, nos dias atuais, o computador representa o que há de mais avançado tecnologicamente no tocante à transmissão de imagens. Todos esses inventos nasceram da vontade do ser humano de registrar suas imagens e eternizá-las além da memória. Afinal, como lembra Arbex Júnior (2001, p. 34): "somos resultado e parte integrante de uma cultura que privilegia a percepção visual como fonte principal do conhecimento".

Mas a imagem não está sozinha na satisfação dessa necessidade. As palavras também são muito importantes para contar histórias; afinal, muitas vezes, uma palavra pode valer mais do que mil imagens. O surgimento das palavras é tão antigo quanto o registro de imagens. Quando faziam pinturas rupestres nas paredes das cavernas para expressar suas leituras sobre o mundo que viam e em que viviam, os homens pré-históricos também

---

2   O cinematógrafo é um equipamento de fotografia e de projeção capaz de capturar em fotos uma sequência de instantâneos de objetos em movimento e de projetar essa sequência de fotografias numa velocidade rápida e intermitente produzindo a ilusão do mesmo movimento capturado.

buscavam uma forma de padronizar suas comunicações, criando símbolos que representassem seus pensamentos e possibilitassem o compartilhamento das imagens vistas. Essa forma pode ser entendida não apenas como uma tentativa de registro de imagens, mas também como uma escrita que procurava padronizar uma forma de linguagem entre eles.

Nessa perspectiva, podemos concluir que, depois da fala, a escrita surgiu como a primeira forma de tentativa de materialização da comunicação humana. Um exemplo desse esforço é o alfabeto, uma maneira de escrita fonética, ou seja, uma série de símbolos que têm a função de representar os sons. Seu caráter simbólico indica que esse sistema é uma convenção, prova disso é que o mesmo alfabeto pode ser usado em várias línguas diferentes. De modo raso, esse sistema permite a comunicação entre aqueles que conhecem esses "símbolos" e a formação de palavras que podem representar imagens, as quais podem ser projetadas na mente daquele que vê ou lê essas palavras.

Provavelmente o primeiro alfabeto surgido no mundo tenha sido o ugarítico, utilizado pelos semitas[3]. Segundo o filósofo brasileiro Luiz da Rosa (2010), "o ugarítico é uma língua semítica escrita com carácteres cuneiformes, adaptados com um alfabeto de 30 letras". A estimativa é que esse alfabeto tenha surgido por

---

3   Relativo ao grupo étnico e linguístico ao qual se atribui Sem como ancestral, e que compreende os hebreus (judeus), os assírios, os aramaicos, os fenícios e os árabes.

volta de 1500 a.C. A partir de então, a construção da escrita e a reprodução da imagem cumpriram uma longa jornada. Hoje, quando escrevemos, falamos, filmamos ou tiramos fotos utilizando nossos celulares, não imaginamos quantas descobertas tecnológicas foram necessárias para que isso fosse possível.

É interessante observar como um invento foi impulsionando outro. O jornal, por exemplo, tem sua origem nas cartas escritas à mão. Na Roma Antiga, durante o Império Romano, as cartas eram um meio de revelar a verdade. Os acontecimentos importantes eram publicados em Álbum, uma tábua branca que ficava pendurada o ano todo no muro da residência do grande pontífice. De acordo com Araújo (2006)[4], em 69 a.C., o Imperador Júlio César determinou que fossem diariamente redigidos e publicados os atos do povo e do Senado, substituindo as rudimentares tábuas por cartas publicadas diariamente. Rizzini (1968, citado por Araújo, 2006), menciona que rapidamente surgiram as Atas (*actas*) que apresentavam vários assuntos e abriam espaço para o noticiário vulgar. As *actas urbanas* nada mais eram do que cartas em que se contavam e registravam informações das mais variadas, de mexericos a leis do Senado.

Rizzini (1968, citado por Araújo, 2006) explica que, no século XVII, as cartas satisfaziam a ânsia de contar novidades.

---

4   Neste capítulo, alguns trechos foram extraídos da tese de doutoramento e da dissertação de mestrado do autor deste livro, Gilvan Ferreira de Araújo. A referência completa está na lista de bibliografias ao final deste livro.

Além de serem fáceis e prontas, graças à fartura do papel e à periodicidade da postagem, escapavam de qualquer censura e eram prestigiadas pelas rodas aristocráticas e palacianas de toda a Europa. Assim, as cartas particulares adquiriram, antes do jornal, uma das características que este acabou por incorporar: a difusão. "Como as cartas se trocavam entre pessoas de um mesmo grupo social, eram as mais interessantes citadas nas conversas, chamadas a debates, lidas em comum, ganhando assim difusão própria e restrita" (Araújo, 2006, p. 25).

A procedência e a circunstância de certas cartas faziam com que elas fossem mostradas, copiadas, colecionadas, criando, aos poucos, uma consciência profissional nos escritores de nota. Era, então, comum perguntarem se alguém já havia lido a última carta do escritor ou da escritora tal. Uma das escritoras de cartas de maior sucesso no século XVII, na França, era Madame Sévigné, que habitava em Paris e enviava cartas à filha que morava em Lyon (sul da França) contando as novidades da corte.

O **letramento** foi um dos fatores mais importantes para o surgimento dos jornais. A modernidade dos tempos, os interesses comerciais e o contexto religioso marcante em uma Europa protestante e católica foram os três fatores que deflagraram campanhas do ensino da leitura, extensível às mulheres e às crianças, inclusive na área rural, entre os anos de 1620 a 1720. Apesar dos esforços empreendidos nesses cem anos, boa parte da população da Europa, no começo do século XVIII, não sabia ler e, menos ainda, escrever, sendo necessário o emprego do chamado *letramento mediado*, ou seja, o uso do letramento (alfabeto) por pessoas iletradas.

Com o passar dos anos, segundo Briggs e Burke (2004), cresceu o número de ocupações ligadas à escrita, como empregados de escritório, contadores, escrivães, escritores de notas (atual jornalista), escritores públicos e carteiros. Alguns, inclusive com *status* social relativamente alto.

Os jornais periódicos surgiram-se ao sucesso das cartas, provavelmente inspirados e impulsionados por elas, afinal, a necessidade de obter novas informações foi tão acelerada quanto os avanços industriais ocorridos a partir do século XVIII. De acordo com Paternostro (2006, p. 17), "as novidades tecnológicas se incorporavam à comunicação e os meios de informação se afirmavam. O homem na sua ânsia de vencer barreiras, no tempo e no espaço, os queria mais velozes e eficazes". Foi em meio a esse turbilhão de acontecimentos e invenções que surgiu a televisão.

Apesar de a invenção da televisão ter ocorrido como um desdobramento da criação do cinema, não podemos afirmar que ela seguiu um caminho tão lógico quanto o das cartas para o jornal. Não se sabe sequer quem inventou a televisão nem precisamente quando. Sua existência é o resultado de uma série de pesquisas empreendidas por cientistas de diversas nacionalidades, a partir do século XIX.

Possivelmente, o começo de tudo tenha sido a descoberta do químico sueco Jokob Berzelius, em 1817, de que o selênio é um elemento químico que sofre alterações ao ser atingido por uma corrente elétrica. No entanto, somente 56 anos depois, em 1873, o telegrafista irlandês Joseph May concebeu o princípio da célula fotoelétrica, ou seja, uma forma de resistência capaz de transmitir impulsos elétricos de maior ou menor intensidade utilizando o selênio. A descoberta foi fundamental para as futuras transmissões na televisão. Sete anos depois, o francês Maurice Le Blanc inventou um sistema para projetar imagens estáticas em sequência numa certa velocidade, dando a elas a ilusão de movimento. Em 1884, o alemão Paul Nipkow inventou o transmissor mecânico, utilizado pela televisão até 1940. Trata-se de um disco de ferro, com diversos furos dispostos estrategicamente em espiral que, quando girado, podia fracionar a imagem do objeto em pequenos pontos. Em alta velocidade, o invento agrupava os pontos e formava novamente a imagem do objeto inteiro (Radiodifusão & Negócios, 2017).

O russo naturalizado americano Vladimir Zworykin, em 1923, inventou o iconoscópio, um tubo de raios catódicos (feixes de elétrons) utilizados na televisão, no qual converte-se uma imagem óptica numa sequência de impulsos elétricos. Quatro anos depois, Zworykin conseguiu transmitir imagens usando o seu iconoscópio à distância de 45 Km. A partir de 1931, iniciou-se a colocação de antenas de transmissão, com a National Broadcasting Company (NBC) nos Estados Unidos e a British Broadcasting Corporation (BBC) na Inglaterra. A televisão tornou-se uma realidade e, a partir da década de 1940, firmou-se como um sistema totalmente eletrônico (Radiodifusão & Negócios, 2017).

As primeiras transmissões de imagens coloridas ocorreram nos Estados Unidos em 1950 e tornaram-se regulares, inclusive com a fabricação de receptores a cores, a partir de 1954. As transmissões via satélite tiveram início em caráter experimental, entre os Estados Unidos e a Europa, em 1962, por meio do Telstar I. Somente em 1965 ocorreu o lançamento do Intelsat I, um satélite criado com fomentos de um consórcio de mais de cem países (entre eles o Brasil), para regulamentar e controlar o sistema comercial de satélites de telecomunicação.

1.2
A televisão chega ao Brasil

A história da televisão no Brasil está associada às evoluções e transformações sofridas por ela ao longo do tempo. Aqui, abordaremos os aspectos mais relevantes desse processo, como as estratégias das emissoras para conquistar a audiência por meio do direcionamento de seus produtos para públicos específicos e para classes sociais diferentes, além de ressaltar alguns pontos importantes para se entender a evolução da televisão de 1950 até os dias atuais.

Por critérios metodológicos, faremos este breve panorama histórico aqui proposto sob três enfoques:

1. Dificuldades enfrentadas pela televisão no Brasil, especialmente no início, na década de 1950.
2. Aspectos da popularidade e do consumo como definidores da forma de fazer televisão no Brasil.
3. Chegada da televisão ao ápice da modernidade tecnológica.

Analisaremos cada um desses aspectos nas seções a seguir.

∴ Um começo nada fácil

A televisão cresceu rapidamente no Brasil e hoje é o meio de comunicação mais importante do país, tanto no que se refere a audiência quanto a sua influência política, social e cultural. A TV permite, por exemplo, transformar questões discutidas ou evitadas pela sociedade em pautas e personagens do noticiário diário. Desde a segunda metade do século XX, a televisão vem se tornando a principal fonte de informações e de formação de gostos, opiniões e escolhas para grande parte da sociedade.

A ideia de muitos estudiosos, na década de 1980, de que a televisão generalista (aberta) estaria com seus dias contados após o advento da era digital não se confirmou. Ao contrário, a televisão evoluiu mais rapidamente do que seus críticos e segue conquistando novos públicos o tempo todo em todo o mundo.

No entanto, não foi apenas na década de 1980 que a televisão sofreu com previsões necrológicas. Em seus primeiros anos de vida, a televisão enfrentou muitas dificuldades, principalmente a falta de público. Em relação à popularidade do rádio e do cinema (estrangeiro, especificamente), a televisão não passava de mais uma iniciativa cultural, como as Bienais de Arte de São Paulo, por exemplo. Isso, segundo Brandão (2010), foi o motivo que levou a televisão a afirmar-se como veículo de transmissão de uma cultura de caráter elitista, direcionada para os públicos dos dois maiores centros urbanos do Brasil: São Paulo e Rio de Janeiro.

Até o dia 18 de setembro de 1950, por exemplo, apenas seis aparelhos de TV haviam sido vendidos no Brasil. Assis Chateaubriand espalhou 200 aparelhos em pontos estratégicos da cidade de São Paulo no dia da inauguração para que a população pudesse ver a novidade (como vemos na Figura 1.1). Um televisor custava, naquela época, 9 mil cruzeiros, três vezes mais caro que uma boa vitrola. Só as pessoas mais ricas podiam comprar um aparelho.

Figura 1.1 – Chateaubriand espalhou aparelhos de TV em pontos estratégicos

Acervo Pró-TV

Na década de 1950, os teleteatros eram como cartões de visitas das emissoras, como lembra Brandão (2010, p. 38-39), pois, "a dramaturgia, aliada à estética cinematográfica, irá constituir-se num laboratório permanente de experiências televisivas durante toda a década da TV ao vivo". De gêneros diversos – romântico, dramático, humorístico, policial ou terror – os teleteatros ocupavam quase todos os horários na programação da televisão. Dentre eles, dois grandes teleteatros se destacavam: em São Paulo, o TV de Vanguarda, que permaneceu no ar de 1952 a 1967; e no Rio de Janeiro, o Grande Teatro Tupi, que produziu 450 peças no período de 1956 a 1965.

Curiosidade

Os teleteatros produziam uma espécie de espetáculo eletrônico, que tinha a duração de uma peça teatral, e sua audiência era medida pelo número de cartas e telefonemas recebidos pelas emissoras de TV e aferido também pelas críticas publicadas em jornais e revistas, da mesma forma como funcionava com o radioteatro na década de 1930.

O enfraquecimento do teleteatro só aconteceu na segunda metade da década de 1960, quando a telenovela diária já se impunha como gênero de maior popularidade e de baixo custo para as emissoras de TV. Nesse sentido, inclusive, é possível considerar o fator custo como um item norteador desde os primórdios da televisão no Brasil. As 30 toneladas de equipamentos de televisão, adquiridas por Assis Chateaubriand da empresa norte-americana RCA Victor lhe custaram 5 milhões de dólares, financiados por contratos fechados pelo proprietário dos Diários Associados, em 1947, com a seguradora Sul América, a Antártica, a Laminação Nacional de Metais S.A. e o Moinho Santista, que pagaram adiantado um ano de publicidade ao conglomerado de mídia.

Figura 1.2 – Equipamentos de televisão trazidos para o Brasil por Assis Chateaubriand

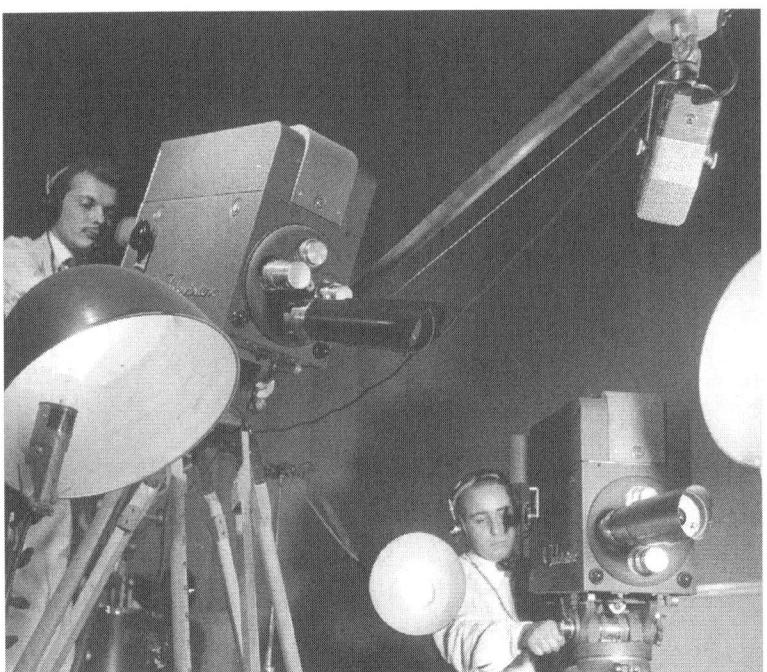

Arquivo O Cruzeiro/EM/D. A Press

O custo da televisão estava associado a outro fator não menos relevante para entender sua história: a nova mídia era direcionada às classes A e B. O Brasil foi o primeiro país da América Latina a ter televisão e um dos primeiros do mundo, depois de Estados Unidos, Inglaterra, Holanda e França. A televisão foi recebida durante a onda de crescimento industrial, que se iniciou nos governos Dutra e Getúlio Vargas, e vivia seu ápice na gestão de Juscelino Kubitschek. Em 18 de setembro de 1950, a inauguração da televisão ocorreu em São Paulo, em um banquete no *Jockey Club*. Poucas horas antes do evento, o bispo auxiliar de São Paulo, Dom Rolim Loureiro, abençoou câmeras e estúdios.

Entretanto, se a escolha das emissoras de televisão estava direcionada para uma audiência constituída por um público integrante das classes A e B, como os convidados para sua inauguração, o produto a ser entregue a esse público ainda não estava ajustado à *finesse* dessas classes. Além de ajustar a audiência, era preciso encontrar profissionais para fazer a televisão funcionar, o que não existia no Brasil. A solução foi contratar gente do rádio e do teatro.

Essa fase elitista da televisão brasileira foi apenas a primeira. Para dar conta de toda a história da TV no Brasil, Mattos (2008) divide essa trajetória em seis fases, assim identificadas:

1. elitista (de 1950 a 1964);
2. populista (de 1964 a 1975);

3. do desenvolvimento tecnológico (de 1975 a 1985);
4. da transição e da expansão internacional (de 1985 a 1990);
5. de globalização e da TV paga (de 1990 a 2000);
6. da convergência e da qualidade digital (a partir de 2000).

Brittos e Simões (2010, p. 223) acrescentam uma fase (de 1995 a 2000), denominada *da multiplicidade de oferta*, a qual, segundo os autores, "sintetiza as mudanças vividas nos últimos 20 anos da televisão brasileira". Esse período relaciona-se com a aceleração definitiva da globalização. "O impulso tecnológico provindo desse período estimulou a convergência entre telecomunicações e informática, criando novos equipamentos e reunindo os existentes" (Brittos; Simões, 2010, p. 223). Já para Mattos (2008), essa fase é identificada como *da convergência* e só aparece atrelada à fase da qualidade digital, a partir da década de 2000.

A **fase elitista** se estendeu da inauguração da TV no Brasil até 1964 e foi marcada pelos grandes teleteatros daquela época, como Grande Teatro Tupi, TV de Vanguarda, TV de Comédia e Câmara Um, que procuraram levar para a televisão um referencial da chamada *alta cultura*, com produções evidenciadas pelo romantismo melodramático. Nesse período, ter um televisor era um luxo acessível apenas a uma pequena parcela da sociedade; mesmo assim, os investimentos no meio televisivo não pararam. Em 1960, chegaram os primeiros aparelhos de videoteipe ao Brasil, a tempo de a TV Tupi de São Paulo gravar a festa de inauguração de Brasília, em 21 de abril daquele ano.

De 1964 a 1975, durante a **fase populista**, a televisão foi considerada um exemplo de modernidade, e os programas de auditório (entre eles, aqueles qualificados como de baixo nível) ocupavam a maior parte da programação das emissoras. No período, começou-se a criar um quadro de profissionais especialistas em televisão, e ganhou forma a ideia de que o novo meio tinha um público diferente daquele do rádio, do teatro ou do cinema.

Entre 1975 e 1985, na **fase do desenvolvimento tecnológico**, o estilo modernista passou a ser o mais valorizado e tornou-se predominante. Nessa fase, a modernização tecnológica, a estabilização da TV Globo e a diversidade dramatúrgica foram as principais marcas.

Os anos de 1980 foram marcados, ainda de acordo com Brittos e Simões (2010), pela **fase da transição e da expansão internacional**, que perdurou de 1985 a 1990. Foram criados novos formatos de teledramaturgia, como as séries e as minisséries, aumentando a qualidade e a audiência da televisão. As telenovelas passaram a ser exportadas, levando o Brasil a um patamar mais alto no mercado mundial de ficção.

Novas tecnologias e a busca pela modernidade a qualquer custo, com a adaptação da televisão aos novos rumos da redemocratização, foram as principais marcas da **fase de globalização e da TV paga**, que perdurou por toda a década de 1990.

A última fase, a **da convergência e da qualidade digital** foi marcada pela qualidade da tecnologia digital e pela crescente convergência dos veículos de comunicação, principalmente a televisão, com a internet e com outras tecnologias da informação.

Os Quadros 1.1 e 1.2 mostram a data de criação e a situação atual das principais emissoras abertas da televisão brasileira.

Quadro 1.1 – Situação atual das emissoras de TV brasileiras criadas na década de 1950

Emissora	Inauguração	Situação atual
TV Tupi	19/09/1950	Cassada pelo governo militar e comprada pela TV Manchete e pelo SBT em 1980.
TV Paulista	14/03/1952	Comprada pela Rede Globo em 1965.
TV Record	27/09/1953	Comprada pelo Bispo Edir Macedo, da Igreja Universal, em 1989. Ainda no ar.
TV Rio	15/07/1955	Cassada, em 1977, pelo governo militar, após passar por vários donos: Record, Bandeirantes, Grupo Gerdau, Televisão Difusora de Porto Alegre, Grupo Vitória-Minas.
TV Excelsior	09/07/1960	Cassada pelo governo militar, com encerramento de todas as suas atividades em 30/09/1970.
TV Cultura SP	Setembro de 1960	Adquirida pelo governo de São Paulo em 1965.

Fonte: Elaborada com base em Araújo, 2016; Portal São Francisco, 2017; Tudo sobre TV, 2017a.

Quadro 1.2 – Situação das emissoras criadas a partir da década de 1960[5]

Emissora	Inauguração	Situação atual
TV Globo	26/04/1965	Ainda no ar.
TV Bandeirantes SP	13/05/1967	Ainda no ar.
Rede OM	1975	Comprada pela CNT/SP.
SBT	1980	Ainda no ar.
Rede Manchete	05/06/1983	Vendida, em 1999, ao Grupo TeleTV de marketing.
MTV Brasil SP	20/10/1990	Fora da sintonia das TVs abertas desde 30/09/2013.
Rede Vida	04/05/1992	Ainda no ar.
Rede Mulher	21/08/1994	Integrada à Rede Record em 1999.
Rede TV!	15/11/1999	Ainda no ar.
TV Digital no Brasil	02/12/2007	Ainda no ar.

Fonte: Elaborado com base em Araújo, 2016; Portal São Francisco, 2017; Tudo sobre TV, 2017a.

---

5   Não foram incluídas as afiliadas, pois isso tornaria a apresentação do quadro impraticável.

∴ Entre o consumo e a popularidade

O consumo e as tentativas de ajustes com a audiência são dois dos aspectos que marcaram e definiram a trajetória da televisão brasileira. Ambos podem ser percebidos mais claramente a partir da década de 1960, quando ocorreu uma grande expansão da televisão, impulsionada pelo aumento na venda de televisores, apesar do preço elevado para o orçamento das famílias de classes mais pobres. Para se ter uma ideia, na década de 1950, havia, no Brasil, 434 mil aparelhos. Com a ampliação de transmissores e o uso do videoteipe, em 1962, muitos programas ganharam uma circulação maior e a televisão se tornou mais atrativa, chegando a 2,4 milhões de aparelhos em uso em 1966.

O aumento do número de aparelhos e de conteúdos veiculados insere-se na lógica criada na segunda fase do governo de Juscelino Kubitschek (1956-1961), que orientava a indústria brasileira para a produção de bens duráveis. De acordo com Capparelli e Lima (2004 p. 68), "por si só, a televisão é sinal de inserção na modernidade, baseada no consumo". Nessa perspectiva, Assis Chateaubriand tomou a iniciativa de expandir a televisão para além das fronteiras do eixo Rio-São Paulo, instalando canais de TV nos lugares em que já havia jornais, revistas ou emissoras de rádio. Todavia, "tratavam-se de canais isolados, com produção de programas locais e publicidade ao vivo" (Capparelli; Lima, 2004, p. 68).

As dimensões crescentes da televisão alteraram também as condições de contato entre seus profissionais e seu público. Em vez do contato direto por carta ou telefone, como no rádio, os contatos se tornaram cada vez mais indiretos, expressos por números fornecidos pela audiência. Com críticas cada vez mais severas, proporcionais ao seu crescimento, os profissionais do meio precisaram lidar com um conceito carregado de ambiguidades: *fama*.

Para alcançar o *status* de celebridade, a fama tornou-se algo, além de essencial, passível de ser mensurada. O Instituto Brasileiro de Opinião Pública e Estatística (Ibope), criado em 1942, foi implantado com o papel de legitimador das relações, baseadas em dados coletados com a audiência, entre os empresários de televisão e os artistas. Como consequência, tanto a vida pessoal quanto a vida profissional dos artistas passaram a ser reguladas pelos números de audiência do Ibope. Segundo Bergamo (2010), formou-se, assim, naquele período, uma noção de público convertida em "índice de audiência" que, mesmo não sendo corporificada por noções como *famílias* ou *povo* pelo Ibope, trazia a dimensão de uma multiplicidade de sentimentos e de concepções divergentes.

Se a década de 1960 pode ser considerada a de maior expansão da televisão no Brasil, a década de 1970 pode ser vista como a das maiores transformações. Ao longo dessa década, a Rede Globo foi a emissora que mais se empenhou na renovação de sua programação.

Curiosidade

....

Com a cassação da TV Excelsior pelo Presidente Emílio Garrastazu Médici, em 1970 (dez anos após a criação da emissora), a televisão brasileira perdeu muito de sua criatividade e inovação, tanto na produção, quanto na programação e na gestão de negócios. A Globo seguiu uma linha mais conservadora e investiu numa dramaturgia tradicional e em programas de auditório do tipo *show* de variedades.

....

A proposta da Globo era investir numa programação direcionada para uma audiência popular (padrão classe média) que, naquele momento, já tivesse condições de comprar aparelhos de televisão. Apesar dessa intenção, a emissora carioca não abandonou o formato do teleteatro, característico da televisão artística ou de elite dos anos 1950.

Vale questionarmos: por que, mesmo com essa tendência elitista, a TV Globo não podia ignorar a produção popular de suas maiores concorrentes? De acordo com Bergamo (2010), por causa da audiência. A TV Tupi, em São Paulo, e a TV Rio, na capital carioca, investiam em programas de auditório de apelo popular desde meados da década de 1950, como *O Céu é o Limite*, que estreou em 1955 na Tupi e alcançou 92% de audiência, e o *Chacrinha*, que estreou em 1956, na TV Rio. A TV Globo contra-atacou, logo em sua estreia, com o *Show da Noite* (1965), um programa de variedades, com dança, números musicais, entrevistas e brincadeiras, apresentado por Gláucio Gil; *Dercy Espetacular* (1966-1967) e *Dercy de Verdade* (1967-1970) e o *Programa Silvio Santos*, exibido pela emissora de 1966 a 1976, que se notabilizou pela farta distribuição de prêmios e por sua competição de calouros.

Novelas e programas de auditório eram muito mais assistidos na TV brasileira do que os telejornais. Especialmente no caso dos programas de auditório, a audiência não estava diretamente relacionada a boa qualidade. No jornalismo, por exemplo, *O Homem do Sapato Branco*, exibido pela Globo, de agosto de 1968 a março de 1969, explorava temas como a violência urbana e mostrava personagens como prostitutas, ladrões e homossexuais, que expunham ali suas vidas.

A crítica ao baixo nível da programação se transformou em um fator de pressão fundamental para a mudança de perfil da televisão brasileira na década de 1970. Ao contrário de suas concorrentes (TV Record, TV Tupi e TV Rio), que trabalhavam com um relativo improviso, a TV Globo criou departamentos de pesquisa e *marketing*. Roberto Marinho, presidente da emissora, já em 1966, contratou profissionais para cuidar das áreas de administração, produção e programação. A parte financeira ficou por conta de Joe Wallach, executivo do grupo Time-Life, e a comercial sob o comando de Walter Clark, que em 1967 contratou José Bonifácio de Oliveira Sobrinho, o Boni, com quem já havia trabalhado na TV Rio, para dirigir a programação e a produção.

Curiosidade

Essa história da TV globo com o grupo norte-americano Time-Life é cheia de polêmicas. Tudo começou quando o então governador do Estado da Guanabara, Carlos Lacerda, dois meses depois da estreia da emissora, questionou os contratos assinados entre as duas organizações (um em 1962 e outro em 1965), já que a Constituição Brasileira proibia a participação de capital estrangeiro na gestão ou propriedade de empresas de comunicação brasileiras. Roberto Marinho foi chamado a prestar contas a uma CPI instaurada em 1966 pela Câmara dos Deputados. Marinho alegou que um contrato era de assistência técnica e o outro previa a participação da Time-Life apenas nos lucros ou prejuízos e não nas decisões gerenciais da emissora. Joe Wallach declarou ser apenas um consultor que dava ideias gerais de promoção, compra de mercadorias e assistência técnica, mas que não interferia nos assuntos financeiros da empresa brasileira. As explicações de Marinho e de Wallach foram aceitas pela CPI e a emissora carioca só pôs fim ao acordo com a Time-Life em julho de 1971, quando contraiu empréstimos em bancos nacionais para quitar as despesas com os serviços de assistência técnica prestados pelo grupo norte-americano. (Memória Globo, 2017)

Boni e Clark estruturaram a grade de programação da emissora, seguindo o conceito já utilizado pela TV Excelsior. A grade de programação foi montada de acordo com os princípios de horizontalidade e verticalidade.

A **horizontalidade** diz respeito à reserva de horários para determinados programas ao longo da semana, como a novela das sete, por exemplo. Já a **verticalidade** se refere à organização diária dos programas em diferentes faixas de horários, como a programação infantil pela manhã, programas femininos à tarde e telenovelas e telejornais à noite.

Curiosidade

Paralelamente ao processo de reformulação das emissoras, o governo militar pretendia promover a integração nacional pela comunicação e via na televisão a melhor estratégia para isso. A Empresa Brasileira de Telecomunicações (Embratel) foi criada em 1965 e possibilitou, a partir de 1969, às emissoras difundir sua programação por micro-ondas. A TV Globo inaugurou o sistema. Em setembro de 1969, o *Jornal Nacional* foi o primeiro programa televisivo transmitido em rede, graças à estrutura tecnológica fornecida pela ditadura militar.

O sistema de redes proporcionou a ampliação do mercado consumidor e a conquista de mais verbas publicitárias. A porcentagem investida em televisão passou de 39,6% em 1970 para

59,3% em 1981 (Miceli, 1994). O número de aparelhos de TV existentes no Brasil, em outubro de 1975, de acordo com a revista *Mercado Global* de dezembro daquele ano, era de 10,5 milhões, e 97% deles já faziam parte da área de cobertura da Rede Globo.

Em 1973, a emissora de Roberto Marinho começou a consolidar o que ficaria conhecido mais tarde como *padrão Globo de qualidade*, que se resumia a um modelo mais apropriado às exigências do Estado, o que se traduzia em maior utilização de programas gravados e redução de produções ao vivo. Essa decisão permitiria imprimir efeitos de voz em *off* e outros sons, recursos gráficos, um ritmo mais dinâmico, bem como corrigir erros. Com a construção desse novo padrão estético, os apresentadores dos programas populares começaram a perder espaço e foram sendo afastados. A qualidade da programação desejada pela Globo estava relacionada à diminuição do improviso, da informalidade e do inesperado. A intenção era elevar seu nível para evitar as pressões do governo.

Esse processo que ficou conhecido como *higienização* não significou o fim dos programas de auditório ao vivo. Essas atrações apenas foram evitados por algum tempo. Aliás, o uso de um apresentador carismático e de práticas popularescas do passado ainda são marcas fundamentais desse gênero, em todas as emissoras de TV abertas. Porém, a consolidação do padrão de qualidade e a modernização da televisão brasileira foram mais perceptíveis na Rede Globo. Inclusive, talvez esse seja o principal motivo para a emissora ter se fixado como líder de audiência. A reformulação em toda a sua grade de programação foi vinculada a uma estratégia empresarial de consolidação da televisão a partir do modelo de rede nacional.

Durante os anos 1980, o processo de construção de uma cultura de consumo foi reforçado tanto pelo crescimento de novos produtores do saber fazer midiático ligados à intensificação da indústria cultural brasileira quanto pelas transformações culturais vinculadas cada vez mais a uma economia de mercado globalizada. Surgiu nessa época a ideia de um Brasil antenado com o resto do mundo.

Aquela década ficou marcada não só pelo fim da ditadura militar no Brasil, mas também por uma consolidação da cultura televisiva, abalizada por uma estética que contava histórias por meio de seu próprio cenário, uma potencialização da modernização ocorrida na década anterior. Se não podemos afirmar que havia um regime neoliberal brasileiro ou um capitalismo moderno, algo que só veio a se confirmar a partir dos anos 1990, possível identificar uma nova perspectiva cultural associada ao consumo e infiltrada nos hábitos cotidianos do brasileiro.

Conforme mencionamos anteriormente, foram criados novos formatos de teledramaturgia, como séries e minisséries, especialmente aquelas produções globais endereçadas ao público juvenil, como *Armação Ilimitada* (com estreia em 1985), e humorísticos (tipo *sitcom* ou comédia de situação), como *TV Pirata* (com o primeiro episódio em 1988⁶), melhorando a qualidade e aumentando a audiência da televisão. Os anos 1980 também foram marcados pela intensificação da exportação de telenovelas, levando o Brasil a um patamar mais alto no mercado mundial de ficção.

Em 1981, foi criado o Sistema Brasileiro de Televisão (SBT), cujo dono havia sido campeão de audiência na TV Globo. Seu programa na emissora da família Marinho começou, em 1966, com duas horas de duração nas noites de quinta-feira, passando para quatro horas aos domingos, ainda naquele ano. Em 1968, já eram seis horas de programa, depois oito, depois dez, tornando-se um dos programas mais longos da história da televisão brasileira.

A campanha da imprensa contra a exploração sensacionalista da miséria pela TV, cujo principal alvo eram os programas de auditório, e os Atos Institucionais da ditadura militar, que impunham uma censura cada vez mais severa aos conteúdos produzidos pelos meios de comunicação, provocaram a demissão de várias estrelas da televisão naquela época, como Dercy Gonçalves, Flavio Cavalcanti, Abelardo Barbosa (o Chacrinha) e Jacinto Figueira Júnior. Silvio Santos, porém, foi mantido por

---

6   Geralmente, os programas humorísticos da televisão são divididos em três tipos: a) os de "humor de bordão", predominantes até o final da década de 1970, em que o riso é deflagrado pela piada de bordão. O principal mestre desse estilo foi Chico Anysio; b) os *sitcoms*, cujo riso é despertado pelas críticas às diversas situações (políticas, econômicas, culturais e sociais); e c) as paródias, que se caracterizam pela crítica à própria mídia e seus programas.

força de um contrato com a emissora carioca que ainda não havia terminado.

Essa "caça às bruxas", caracterizada pela perseguição aos programas de auditório promovida pela imprensa, pelos intelectuais e pelo governo militar, no final da década de 1960, parecia estar de volta nos anos 1980, tendo, dessa vez, o mercado publicitário como seu maior aliado (Araújo, 2016), como indica o caso da emissora de Silvio Santos.

> Seus diretores chegaram a oferecer publicidade gratuita para que os anunciantes pudessem observar o retorno. Mas eles recusaram: comercial no SBT, nem de graça. Nenhuma agência queria programar anúncios numa rede tão malvista, pois os anunciantes não queriam associar sua imagem e a de seus produtos à do SBT. Silvio Santos não entendia o motivo. Seus programas davam audiência. (Mira, 2010, p. 166)

Examinaremos as possíveis motivações para isso. Quando o SBT entrou no ar, em 1981, retomou praticamente todos os programas de entretenimento que haviam sido banidos da televisão brasileira no final da década de 1960. Os novos programas também se utilizavam de fórmulas mais do que conhecidas, como *shows* musicais, humor e variedades, contavam com a presença de auditório e boa dose de sensacionalismo. *O povo na TV*, lançado com o nome *Aqui Agora* e dirigido por Wilton Franco, era o exemplo mais emblemático da linha de programação que o SBT pretendia adotar. O programa ia ao ar todas as tardes e se apresentava como um serviço de utilidade pública: mostrava reportagens policiais e causava polêmica colocando em cena pessoas pobres que pediam alguma ajuda, médico-hospitalar, jurídica e, principalmente, financeira. Um dos quadros de *O povo na TV* apresentava um médium chamado Roberto Lemgruber, que processava curas ao vivo. A fama desse quadro foi tanta que a entrada do SBT em São Paulo ficou conhecida como a "porta dos milagres". Contudo, segundo Mira (2010, p. 165), "apesar de dar 15 pontos de Ibope em média, com picos de quase 20, empatando com a TV Globo – o que, na época, era uma verdadeira façanha –, o programa era o principal motivo pelo qual a emissora de Silvio Santos era considerada 'popularesca'".

Suas novelas eram vistas como excessivamente sentimentais e melodramáticas, os programas humorísticos como apelativos e *O Povo na TV* como grosseiro, vulgar e agressivo ao telespectador.

Curiosidade

O termo *popularesco*, apesar de ser apresentado pelos dicionários como sinônimo de "popular", é carregado de uma crítica cultural, que o traduz como algo negativo. Uma produção popularesca significa "degenerescência do popular" (Mira, 2010), algo de mau gosto, ruim.

O vocábulo é substituído por grotesco pelos pesquisadores do Grupo de Estudo em Imagem e Sociabilidade (Gris) da Faculdade de Filosofia e Ciências Humanas (Fafich) da Universidade Federal de Minas Gerais (UFMG), por considerarem o termo *popularesco* depreciativo. Tal substituição pode ser comprovada em publicação do grupo, de 2006, organizada pela doutora Vera França. Todos os programas analisados na publicação são alicerçados sobre as seguintes características, apontadas por França (2006a, p. 143): "a) presença de pessoas comuns, desconhecidas e [...] extraídas das camadas mais pobres da sociedade; b) ênfase no real, nas histórias e problemas efetivamente vividos pelas pessoas; c) exploração da vida privada, de aspectos que concernem à intimidade das pessoas".

Apesar de ser o segundo em audiência, a explicação para o desinteresse dos anunciantes, segundo Mira (2010), era que a programação do SBT estava direcionada para as classes C e D. Logo, a demanda era para um mercado de consumo popular e com baixo poder aquisitivo, o que dificultaria a compra de produtos de alto custo ou fornecidos por grandes anunciantes. A audiência, assim, deve ser entendida com base não apenas em seus dados numéricos, mas também no perfil daqueles que a compõem. "O público do SBT era grande, mas situava-se entre as classes de nível socioeconômico mais baixo, cujo poder de consumo é menor e não alcança os produtos mais caros, de luxo" (Mira, 2010, p. 167). Além disso, durante três anos, ainda por dificuldades financeiras, o SBT praticamente só transmitia produções estrangeiras, os famosos "enlatados".

Segundo Almeida (2003, p. 89), "a contradição entre o público como espectador e como consumidor explica algumas construções importantes na televisão". São dois universos diferentes, uma vez que o público espectador é bem mais amplo do que aquele que tem o poder aquisitivo para consumir. Esse, inclusive, é um dos focos das redes de televisão: descobrir quais audiências são interessantes como consumidoras, compradoras potenciais, ou seja, aquelas que se constituem como demanda.

Esse Índice de Potencial de Consumo é fornecido pelo Ibope Media, uma unidade de negócios do Grupo Ibope, responsável por abastecer o mercado com pesquisas sobre o consumo de todos os meios de comunicação. A unidade atua em todo o Brasil e em mais 14 países da América Latina, atendendo desde a fase de planejamento até a mensuração dos resultados, com simulações do alcance e da frequência de uma campanha, além de análises completas das emissoras de TV com dados dos programas mais vistos por determinado público-alvo e o *ranking* das emissoras por faixa de horários, segmentação da população e hábitos e atitudes de consumo.

Os índices medidos pelo Ibope são divulgados pelas próprias emissoras de televisão com o objetivo de atrair anunciantes. Entretanto, quando analisamos as pesquisas de mercado e a mídia especializada, pode-se comprovar uma alta proporção de matérias que enfatizam o comportamento do consumidor das classes A e B e, em menor escala, da classe C. Essa conclusão, segundo Almeida (2003, p. 90), "demonstra a relevância da chamada 'qualificação' da audiência para o meio publicitário". É importante lembrar que as classes D e E são praticamente esquecidas quando o assunto é consumo.

Os números divulgados pelo Ibope ganharam grande importância para as redes de televisão e o mercado publicitário no país, mesmo que o instituto, de tempos em tempos, manifeste-se surpreso com o uso que é feito desses índices pelo mercado, especialmente pelas emissoras na briga pela audiência. Geralmente, no Brasil, os projetos de modernização das empresas de radiodifusão privilegiam as áreas administrativa e comercial em detrimento das áreas artísticas. Isso resulta, de acordo com Almeida (2003, p. 167), na "perda de autonomia dos produtos culturais em função de uma melhor adequação ao mercado, com o propósito de aumentar a vendagem".

Se o esforço do SBT para maquiar sua programação e livrar-se do título de "popularesco" foi uma estratégia relativamente bem-sucedida, as formas de discriminação também se renovaram. Assim, a emissora passou a ser considerada "brega", o que não simbolizava necessariamente uma produção pobre, malfeita e descuidada. O *Viva a Noite* (1982), apresentado nas noites de sábado por Gugu Liberato, era um exemplo típico desse brega.

O programa ficou no ar por dez anos e apresentava atrações que eram líderes de audiência no horário, como *Sonho Maluco*, *Rambo Brasileiro* e *O Baile dos Passarinhos*.

De fato, esse rótulo até hoje é dado àquelas produções com excesso de recursos: muita cor, muito brilho, muita luz, som estrondoso e muitos efeitos especiais. Além disso, a avaliação do que pode ser considerado brega ou não sempre esbarra no mesmo problema: um grupo de profissionais, como *designers*, decoradores e produtores culturais, detêm um conjunto de definições estéticas e, com base nelas, estabelece os limites que separam o bom do mau gosto.

De acordo com Mira (2010), em 1989, a TV Globo não teve mais como ignorar o crescimento da audiência do SBT aos domingos e, naquele ano, inseriu em sua grade um programa de auditório, o *Domingão do Faustão*, dirigido por Deto Costa, um dos mais experientes membros da equipe do *Programa Silvio Santos* e especialista em programas desse gênero.

Perguntas & respostas

Qual foi a melhor emissora que o Brasil já teve?

Essa resposta deve levar em consideração diversos aspectos, tais como: administração, criatividade, qualidade da programação, inovação, audiência e resultados financeiros, entre outros. Nesse sentido, a TV Excelsior pode ser considerada a melhor emissora de televisão a que o Brasil já assistiu. Tanto é que muito de sua forma de administração e produção foram copiadas por outras emissoras, como o sistema de grades de programação. A Excelsior só não conseguiu o mesmo sucesso em suas relações políticas e acabou sendo perseguida até sua falência e, então, cassada pela ditadura militar.

∴ A televisão chega à modernidade

Com a venda das companhias integrantes da Telecomunicações Brasileiras S.A. (Telebras), aumentaram as associações e fusões entre empresas de telefonia, televisão a cabo e acesso à internet. Nesse momento, a convergência de mídias já era um serviço que podia ser oferecido ao mercado. Assim, o público tornou-se cada vez mais segmentado, mas as empresas de televisão, ao mesmo tempo, precisaram (e não abriam mão) da elaboração de um produto generalista e desterritorializado, capaz de atender a públicos específicos em contexto nacional. Afinal, os consumidores que interessavam aos anunciantes deveriam ser considerados.

As redes de TV abertas seguiram no intuito de alcançar todo o público, indiscriminadamente, por meio de uma programação mais generalista. A partir de meados da década de 1990, por exemplo, passaram a popularizar a programação, buscando atrair um público com menos condições econômicas de consumir outros meios (TVs fechadas).

Os anos 2000 foram marcados pela digitalização da televisão brasileira. As grandes emissoras, que vinham investindo na aquisição de equipamentos digitais desde a segunda metade da década de 1990, começaram a disponibilizar, em tempo real, os primeiros programas na internet. Ainda em novembro de 1999, a Rede Globo iniciou a produção de seus primeiros programas em alta definição, ou *high definition* (HD). Essa produção só aumentou a partir dos anos 2000, com a popularização da mídia tipo Digital Versatile Disc (DVD) e depois dos aparelhos de *blu-ray* (nova geração de vídeos de alta definição). Ao mesmo tempo, as emissoras de TV apostavam na convergência com a internet, lançando portais como Globo.com, em 2000, e R7.com, da Rede Record, em 2009.

A tecnologia digital ampliou seu alcance com o novo sistema de transmissão digital, que passou a ser comercializado no Brasil em dezembro de 2007. Três anos mais tarde, a cobertura digital já estava disponível em 26 regiões metropolitanas, atingindo mais de 60 milhões de habitantes. O Sistema Brasileiro de TV Digital adotou o modelo nipo-brasileiro, que proporciona, além de imagem em alta definição, mobilidade, portabilidade e interatividade.

Assim, a década de 2010 começou com ao menos duas realidades: (1) o aumento do poder aquisitivo das classes populares manifestado, entre outras formas, na compra de aparelhos de

TV de alta definição; e (2) interatividade garantida por meio da internet, e não da TV digital.

Nesse panorama, redes sociais pessoais e profissionais, como Twitter, YouTube, Linkedin e Facebook são cada vez mais utilizadas para aproximar celebridades televisivas dos telespectadores, ou mesmo para atrair novos fãs. A internet é usada para mandar recados, promover conversas, realizar enquetes, enviar dúvidas e sugestões por meio de *links* dos programas, que também mantêm *blogs* dos profissionais envolvidos, sempre despertando o interesse do público.

França (2009, p. 29-30) também lembra que "a televisão tem inúmeras faces e guarda estreita relação com a vida social, da qual, aliás, faz parte e de cuja dinâmica participa". Não temos aqui a intenção de definir uma nova fase da televisão, contudo, é importante atentamos para o fato de que algo vem se modificando nessa produção. Isso fica muito claro quando avaliamos todo esse processo de evolução e transformação. Podemos perceber que as emissoras de televisão continuam se reinventando, afinal, precisam procurar formas de se manter na liderança da audiência.

Para finalizar esse recorte histórico, listamos alguns dos acontecimentos mais relevantes desde a criação do aparelho televisor na Figura 1.1, a seguir.

Figura 1.1 – Linha do tempo da TV

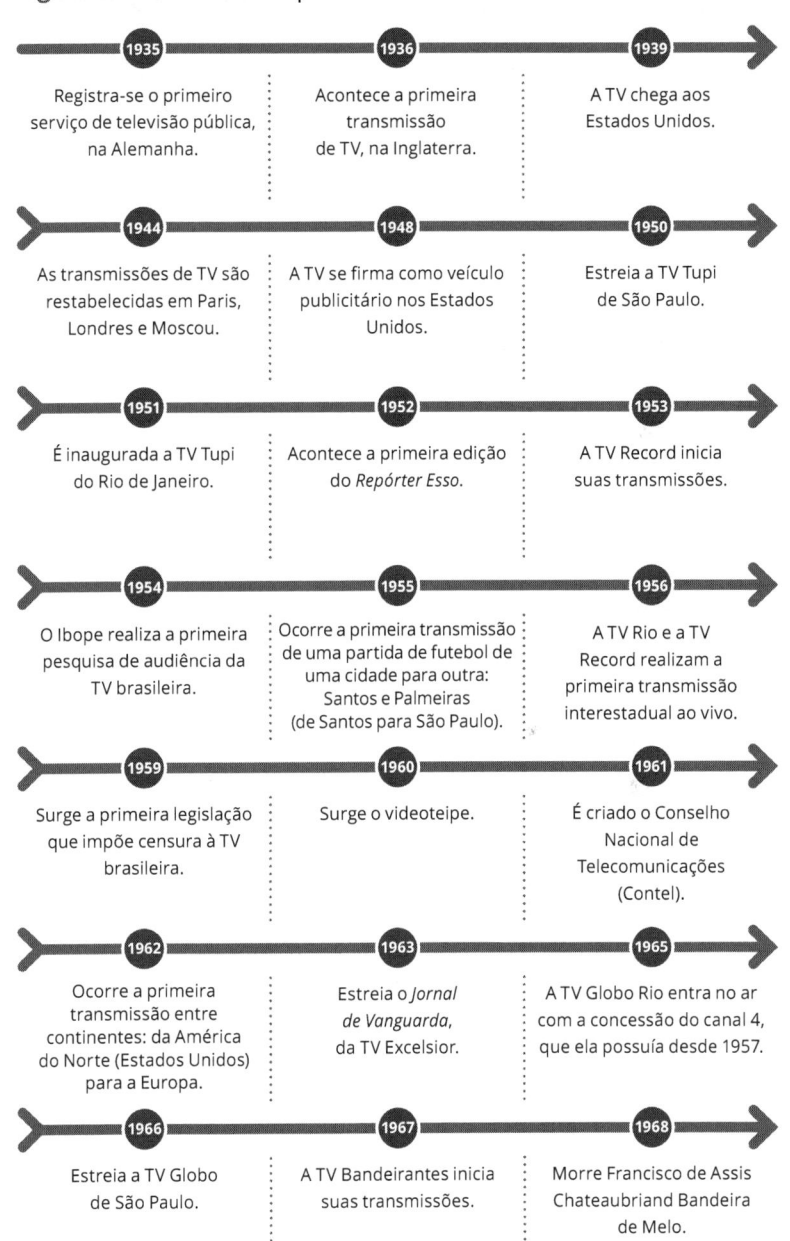

1935 — Registra-se o primeiro serviço de televisão pública, na Alemanha.

1936 — Acontece a primeira transmissão de TV, na Inglaterra.

1939 — A TV chega aos Estados Unidos.

1944 — As transmissões de TV são restabelecidas em Paris, Londres e Moscou.

1948 — A TV se firma como veículo publicitário nos Estados Unidos.

1950 — Estreia a TV Tupi de São Paulo.

1951 — É inaugurada a TV Tupi do Rio de Janeiro.

1952 — Acontece a primeira edição do *Repórter Esso*.

1953 — A TV Record inicia suas transmissões.

1954 — O Ibope realiza a primeira pesquisa de audiência da TV brasileira.

1955 — Ocorre a primeira transmissão de uma partida de futebol de uma cidade para outra: Santos e Palmeiras (de Santos para São Paulo).

1956 — A TV Rio e a TV Record realizam a primeira transmissão interestadual ao vivo.

1959 — Surge a primeira legislação que impõe censura à TV brasileira.

1960 — Surge o videoteipe.

1961 — É criado o Conselho Nacional de Telecomunicações (Contel).

1962 — Ocorre a primeira transmissão entre continentes: da América do Norte (Estados Unidos) para a Europa.

1963 — Estreia o *Jornal de Vanguarda*, da TV Excelsior.

1965 — A TV Globo Rio entra no ar com a concessão do canal 4, que ela possuía desde 1957.

1966 — Estreia a TV Globo de São Paulo.

1967 — A TV Bandeirantes inicia suas transmissões.

1968 — Morre Francisco de Assis Chateaubriand Bandeira de Melo.

(continua)

(Figura 1.1 – conclusão)

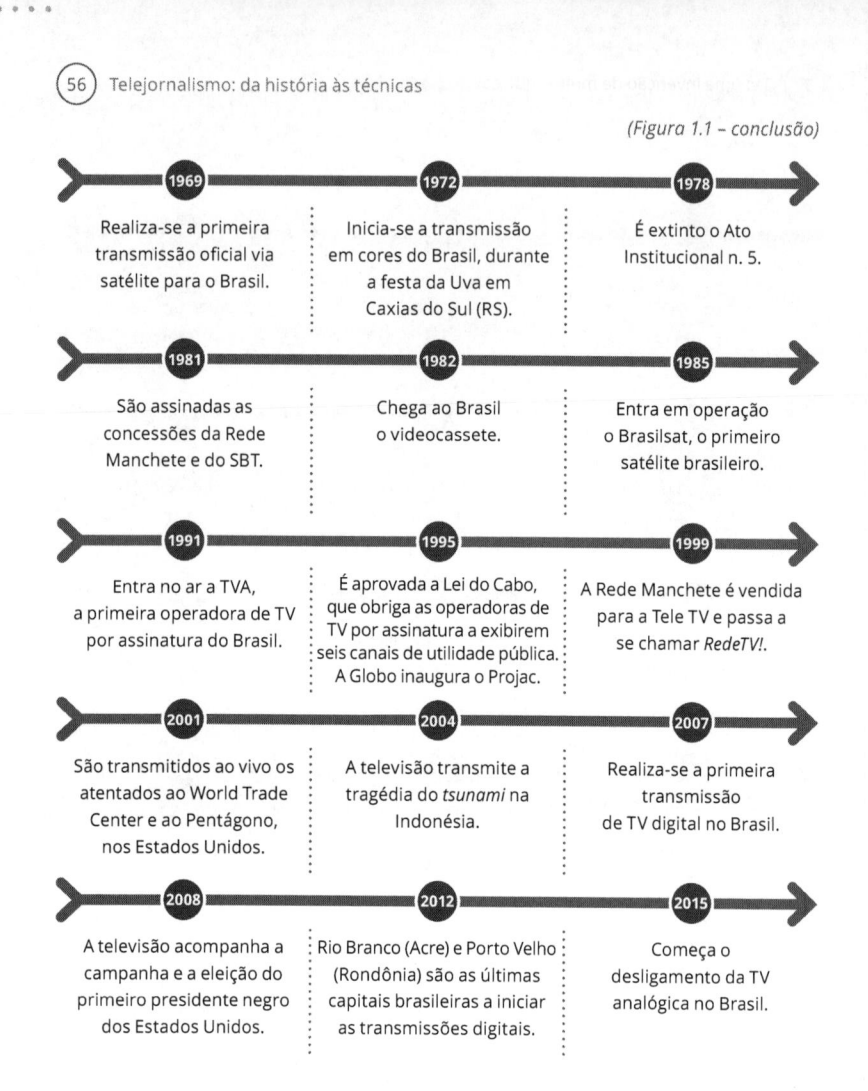

1969 – Realiza-se a primeira transmissão oficial via satélite para o Brasil.

1972 – Inicia-se a transmissão em cores do Brasil, durante a festa da Uva em Caxias do Sul (RS).

1978 – É extinto o Ato Institucional n. 5.

1981 – São assinadas as concessões da Rede Manchete e do SBT.

1982 – Chega ao Brasil o videocassete.

1985 – Entra em operação o Brasilsat, o primeiro satélite brasileiro.

1991 – Entra no ar a TVA, a primeira operadora de TV por assinatura do Brasil.

1995 – É aprovada a Lei do Cabo, que obriga as operadoras de TV por assinatura a exibirem seis canais de utilidade pública. A Globo inaugura o Projac.

1999 – A Rede Manchete é vendida para a Tele TV e passa a se chamar *RedeTV!*.

2001 – São transmitidos ao vivo os atentados ao World Trade Center e ao Pentágono, nos Estados Unidos.

2004 – A televisão transmite a tragédia do *tsunami* na Indonésia.

2007 – Realiza-se a primeira transmissão de TV digital no Brasil.

2008 – A televisão acompanha a campanha e a eleição do primeiro presidente negro dos Estados Unidos.

2012 – Rio Branco (Acre) e Porto Velho (Rondônia) são as últimas capitais brasileiras a iniciar as transmissões digitais.

2015 – Começa o desligamento da TV analógica no Brasil.

Fonte: Elaborado com base em Bistane; Bacellar, 2014; Araújo, 2016.

Síntese

O invento da televisão não pode ser atribuído a uma só pessoa. A história desse meio de comunicação é cheia de curiosidades e avanços tecnológicos dos mais diversos, que começam desde o período pré-histórico, com as pinturas rupestres, passando pelas invenções dos alfabetos, até chegar ao mundo digital e globalizado. Sua trajetória no Brasil foi marcada por incertezas, falta de conhecimento técnico, muita competitividade e influências políticas e sociais, até se constituir como esse poder que representa hoje, sendo a mídia mais acessada do país.

Dentre os percalços enfrentados pela televisão, podemos destacar a influência da ditadura militar, que fechou emissoras, como a Excelsior e a Tupi, ao mesmo tempo em que liberou concessões a empresários de seu interesse.

Outro aspecto de relevo na história da televisão brasileira é a qualidade de sua programação, muitas vezes rejeitada pela sociedade, que a considerava de baixo nível e sempre reincidente em produções de apelos populares e de gosto duvidoso.

Questões para revisão

1. Onde e quando foi realizada a primeira transmissão de imagens em cores da televisão?
   a) Na França, em 1948.
   b) Na Inglaterra, em 1949.
   c) Nos Estados Unidos, em 1950.
   d) Na Alemanha, em 1951.

2. Quem foi Vladimir Zworykin e qual a importância dele para a invenção da televisão?

   a) Químico sueco que descobriu que a luz altera a capacidade do selênio.

   b) Telegrafista irlandês que melhorou as transmissões telegráficas.

   c) Estudante alemão que construiu um transmissor mecânico.

   d) Russo naturalizado americano que inventou o iconoscópio (tubo de imagens).

3. O empresário e jornalista paraibano Francisco de Assis Chateaubriand Bandeira de Mello foi quem trouxe a televisão para o Brasil, em 1950. Para apresentar "aquela máquina capaz de influenciar a opinião pública", Chatô (como era conhecido) comprou, às pressas, e espalhou 200 aparelhos de TV pela cidade de São Paulo. Qual foi a primeira emissora de TV criada por esse empresário?

   a) TV Vanguarda.

   b) TV Tupi de São Paulo.

   c) TV Record.

   d) TV Paulista.

4. Cite duas ações que marcaram os anos 2000 como os da digitalização da televisão brasileira.

5. Por que o SBT, apesar de ser o segundo canal em número de audiência da televisão brasileira, no início da década de 1980 – logo nos primeiros anos de sua criação – não conseguia atrair anunciantes?

Capítulo

02

O surgimento do telejornalismo

Conteúdos do capítulo:

- As notícias tornam-se programas de TV.
- O jornalismo sensacionalista.
- O público das notícias.

No capítulo 1, ampliamos os conhecimentos a respeito do advento da televisão. Agora, focaremos no aparecimento do jornalismo dentro desse meio. O primeiro evento noticioso para televisão aconteceu em agosto de 1928, nos Estados Unidos, quando a emissora WGY levou ao ar algumas notícias lidas na frente de câmeras de TV. Há outros registros de telejornalismo mundo afora com o passar dos anos, como na Itália e na Espanha, em 1952, na Inglaterra, em 1954, e na Bélgica, em 1956.

Neste capítulo, discorreremos sobre o início do telejornalismo no Brasil, com destaque para os três telejornais de maior sucesso da televisão brasileira: *Repórter Esso*, *Jornal de Vanguarda* e *Jornal Nacional*. Abordaremos, ainda, os telejornais dramáticos (ditos *sensacionalistas*), como *Aqui Agora* (SBT), *Cidade Alerta* (Record) e *Brasil Urgente* (Band), procurando definir o estilo, a audiência e a função desse tipo de produto para as emissoras de televisão que os produzem e exibem. Por último, faremos uma sondagem sobre o destino do telejornalismo.

2.1
As notícias tornam-se programas de TV

O primeiro programa noticioso da televisão brasileira foi ao ar no dia 19 de setembro de 1950 (um dia após a inauguração da televisão no país), pela TV Tupi (Canal 3 de São Paulo). O programa, batizado de *Imagens do Dia*, mostrava imagens brutas (sem edição) dos principais acontecimentos daquele dia e era transmitido para pouco mais de 200 televisores espalhados por Chateaubriand pela capital paulista. Era comandado por Maurício Loureiro Gama e não tinha tempo de duração predefinido.

Ainda no começo dos anos 1950, surgiram os primeiros telejornais com formato mais parecido com o do radiojornalismo do que com o do telejornalismo hoje. Como as imagens não eram acompanhadas de sons, tudo tinha de ser lido pelo locutor. Por isso, logo se percebeu a importância do papel do apresentador para o telejornal. Sua aparência, expressão facial e entonação eram características observadas e valorizadas.

O fato de o *Telenotícias Panair*, que entrou no ar em janeiro de 1952, na TV Tupi de São Paulo, ter sido o primeiro telejornal diário da televisão brasileira não garantiu a ele fama pela posteridade, como o fez o *Repórter Esso*, cuja primeira edição foi ao ar no dia 1º de abril daquele mesmo ano, sob o patrocínio da Esso[1] (por isso o nome do telejornal). Sem ter como explorar as imagens, o *Repórter Esso* era uma espécie de rádio na televisão. Aliás, até o começo da década de 1960, a televisão não dispunha

---

1 *Esso* é o nome comercial da ExxonMobil Corporation e de suas empresas relacionadas. Envolvida em vários processos judiciais nos Estados Unidos, a Esso, que entrou no Brasil em 1912, começou a ser substituída pela Shell (multinacional anglo-holandesa) em âmbito nacional a partir de 2011.

de redatores e locutores especializados no novo veículo. Por isso, tudo era centralizado no locutor.

Sobre o *Repórter Esso*, o jornalista Armando Nogueira (criador do *Jornal Nacional*, da Rede Globo), em texto assinado por Leandro Amaral (2009), revelou que "a TV Tupi limitava-se a colocá-lo no ar. A agência usava muito mais material internacional, filmes importados da UPI e da CBS (agências fornecedoras de serviços de filmes), do que material nacional". Apesar de suas limitações, esse telejornal foi transmitido até 31 de dezembro de 1970, sempre às 20 horas, na TV Tupi (SP), e serviu de referência para outras emissoras durante os 18 anos que ficou no ar.

No começo da década de 1970, os anunciantes já preferiam anunciar nos intervalos dos programas a patrocinar o programa inteiro. De todo modo, o *Repórter Esso* ficou eternizado na voz do gaúcho Heron Domingues e pela frase que utilizava na chamada do programa.

Outros dois telejornais também marcaram a história do telejornalismo brasileiro. O *Jornal de Vanguarda* foi criado na então recém-inaugurada TV Excelsior. Uma das propostas inovadoras desse telejornal estava em sua produção que, ao contrário dos concorrentes, era feita pelos seus próprios jornalistas. Outra novidade era a presença de cronistas, como Villas-Boas Correia, João Saldanha e Millôr Fernandes, que atuavam como comentaristas da realidade brasileira. O modelo do *Vanguarda* foi copiado por outras emissoras e serviu de exemplo nas aulas de um dos maiores teóricos da comunicação do mundo, o canadense Marshall MacLuhan. Além disso, foi contemplado na Espanha, em 1963, com o prêmio Ondas, como o melhor telejornal do planeta pela qualidade de seu conteúdo informativo. Ainda assim, ele não resistiu ao golpe militar e foi retirado do ar pelos próprios produtores em 1969, logo após a publicação do Ato Institucional n. 5 (AI-5), baixado em 13 de dezembro de 1968, durante o governo do general Costa e Silva.

Outros telejornais da época também tiveram o mesmo fim. No caso daqueles que permaneceram no ar, os jornalistas foram substituídos por locutores, e o texto jornalístico só podia ser lido, sem comentários ou interpretações, exatamente na versão que chegava às redações. A ideia era copiar o modelo norte-americano, com enquadramentos mais fechados nas imagens de estúdio e, mesmo com câmeras mais leves e o videoteipe, o padrão era muito mais radiofônico do que televisivo.

O *Jornal de Vanguarda* estava praticamente saindo de cena quando entrou no ar outro marco do telejornalismo no Brasil. Com sua estreia datada em 1º de setembro de 1969, o *Jornal Nacional* (JN), da Rede Globo, sob a apresentação de Hilton Gomes e Cid Moreira, foi o primeiro telejornal a ser transmitido em rede nacional, via Embratel. A primeira transmissão foi encerrada com a seguinte frase na voz de Cid Moreira: "É o Brasil ao vivo aí na sua casa. Boa noite". Apesar das críticas sobre ter sido criado por interesse do governo militar, o JN não parou de inovar e agregar novas tecnologias. Também não parou de acumular prêmios e se tornou o telejornal de maior audiência do Brasil.

O JN foi o primeiro a utilizar, em 1977, equipamentos portáteis para geração de imagens ao vivo; e para sua produção também foi instalado, em 1978, o Eletronic News Gathering (ENG) em substituição ao filme 16 mm, permitindo a edição eletrônica dos videoteipes. Em 1983, o telejornal ganhou sua primeira vinheta eletrônica e, aos 20 anos, em 1989, inaugurou novos cenários, maiores e mais modernos.

Nas décadas de 1990 e 2000, as novidades não pararam. O principal jornal global foi o primeiro no Brasil a transmitir uma guerra ao vivo (Guerra do Golfo), em 1991. Em abril de 2000, houve uma nova mudança no cenário, que passou a ser integrado à redação, conferindo a ideia de interação entre a bancada de apresentadores na época (William Bonner e Fátima Bernades) e o restante da redação.

Em 2017, o JN ganhou um cenário futurista construído dentro de uma estrutura de 1370 m², com 18 ilhas de edição, um telão de 48 m², um vidro curvo de 16 m separando o estúdio da redação e projeção de imagens em 3D.

Apesar do grande sucesso dos telejornais nos dias atuais, o começo de sua história, na década de 1950, foi marcada por um grande desinteresse da audiência (como aconteceu com a própria televisão). Podemos afirmar que esse descaso era motivado basicamente por três fatores:

1. os telejornais perdiam em agilidade para o noticiário do rádio;
2. a abordagem era pouco ilustrativa, contendo muito texto e quase nenhuma imagem;
3. os profissionais que faziam televisão não estavam ambientados com o universo televisivo.

Os telejornais eram levados ao ar praticamente sem nenhum cenário. A imagem era sempre a mesma: um apresentador atrás de uma mesa na qual constava seu nome escrito em uma cartela de papel.

Contudo, nesses mais de 65 anos, muita coisa mudou. A globalização e a internet apresentaram novas formas de comunicação com o mundo. Os avanços tecnológicos aceleraram esse processo e cresceu a quantidade de informações produzidas e compartilhadas a todo instante. A comunicação foi redefinida e se aproximou muito do conceito de interação. Hoje, o receptor é também emissor de suas ideias.

Diante de tudo isso, a televisão teve de se reinventar para conseguir acompanhar o ritmo da história. Telas maiores e com imagem e som de alta definição, cabeamento por fibra óptica e antenas conectadas a satélites garantiram, além de preços cada vez mais convidativos, maior fidelidade da transmissão e um acesso mais fácil.

Curiosidade

Em 2014, apenas os brasileiros da classe C adquiriram 6,7 milhões de aparelhos de televisão novos e mais 4,5 milhões de *tablets* (Instituto de Pesquisa Data Popular, 2014).

Ademais, houve a convergência da mídia, que levou a televisão para computadores e aparelhos celulares, bem como a tecnologia da informática para a TV. Um exemplo claro desse processo de hibridação são as *Smart TVs*, que permitem o acesso à tecnologia *streaming*, de informações multimídia.

> Os telejornais também desdobram em seus sites os assuntos abordados na edição do dia oferecendo textos complementares (serviços, documentos na íntegra, receitas etc.) ou conversas por meio de chats com especialistas. Há ainda muitos quadros de programas de TV e blogs concebidos para se realimentarem reciprocamente. A internet é usada para realização de enquetes, envio de recados, dúvidas e sugestões a partir de links disponíveis nos sites dos programas que, agora, também hospedam blogs dos seus profissionais (Fechine; Figuerôa, 2010, p. 283).

O fato é que a televisão se impôs não apenas por exibir entretenimento, mas também muita informação. De certa forma, o veículo se tornou mais rápido do que os demais e passou a ser seguido por eles. Nos dias atuais, as transmissões ao vivo levam a realidade de qualquer parte do mundo quase que instantaneamente aos mais de 98% dos lares brasileiros que dispõem de, pelo menos, um aparelho de televisão.

Na área política, a televisão também se transformou em uma mídia essencial para a visibilidade de programas de governos e campanhas políticas. O sucesso de marcas de produtos ou serviços dificilmente poderá ser alcançado sem o uso da televisão. A ideia de que o que não aparece na TV não existe é ainda bastante evidente.

2.2
O telejornalismo entre o sensacionalismo e a notícia

Em 1994, Danilo Angrimani lançou seu estudo sobre o sensacionalismo na imprensa, em seu livro intitulado *Espreme que sai sangue*. Para o autor, o termo *sensacionalismo* referia-se ao ato de "sensacionalizar" aquilo que não é necessariamente sensacional. Portanto, para Angrimani (1994), a expressão aplica-se à imprensa que se utiliza de um tom escandaloso e espalhafatoso.

> Sensacionalismo é a produção de noticiário que extrapola o real, que superdimensiona o fato. Em casos mais específicos,

inexiste a relação com qualquer fato e a "notícia" é elaborada como mero exercício ficcional. O termo "sensacionalista" é pejorativo e convoca a uma visão negativa do meio que o tenha adotado. Um noticiário sensacionalista tem credibilidade discutível (Angrimani, 1994, p. 16).

O autor se referia aos jornais impressos que tinham base nesses critérios, e que eram muito comuns nas décadas de 1980 e 1990. Entretanto, suas observações podem ser estendidas aos telejornais atingidos pela mesma onda sensacionalista dos anos 1980.

Observando as características apontadas por Angrimani (1994), percebemos que sua análise serve perfeitamente para a televisão. Por exemplo, uma característica dos jornais impressos sensacionalistas, segundo o autor, é a importância acentuada da **manchete**. A manchete sensacionalista, diz Angrimani (1994, p. 16), "deve provocar comoção, chocar, despertar a carga pulsional dos leitores [telespectadores, no caso da TV]. [...] A edição do produto sensacionalista é pouco convencional, escandalosa mesmo. O *fait divers*[2] é seu principal 'nutriente', mas não é o único".

- - - - -

2   *Fait divers* (expressão francesa que significa "fatos diversos"), são assuntos cujo interesse reside no que é extraordinário, surpreendente, inesperado, insólito. São aqueles temas não categorizados nas editorias tradicionais.

Curiosidade

Para a abordagem sensacionalista, lendas e crenças populares, política, economia, pessoas e animais com deformações físicas, dentre outros, têm mesmo peso em um noticiário (Angrimani, 1994).

Outra característica dos noticiários sensacionalistas, apontada por Angrimani (1994), é a **linguagem**, que não pode ser sofisticada, nem ter estilo elegante. "A linguagem utilizada é a coloquial, não aquela que os jornais informativos comuns empregam, mas a coloquial exagerada, com emprego excessivo de gíria e palavrões", descreve Angrimani (1994, p. 16). Esse tipo de linguagem, explica o autor, obriga o leitor/telespectador a se envolver emocionalmente com o texto, pois ela não admite a neutralidade.

Sete anos após a publicação dos estudos de Angrimani, o professor José Arbex Júnior seguiu a mesma linha crítica contra os veículos sensacionalistas e publicou sua tese de doutorado em um livro denominado *Showrnalismo: a notícia como espetáculo*, em 2001. Para Arbex Júnior, estava claro o fato de que a televisão fermentara o entretenimento dentro da massa de notícias levadas ao ar pelos noticiários. Ao ser entrevistado em 29 de abril daquele ano, ele foi questionado sobre a quem se deve atribuir a existência do jornalismo do espetáculo, se aos veículos ou ao público. Lima (2001) registrou a resposta de Arbex Júnior:

O jornalismo do espetáculo radicaliza uma tendência americana que existe desde o século XIX. Já nessa época, a notícia era tratada como entretenimento. Isso acabou se tornando um padrão da imprensa de massa. A TV intensificou o processo. Nos Estados Unidos, os jornais ditos sérios, como o NY Times, nasceram como contraponto. O fato é que o público gosta de pão e circo, o que põe em xeque o intelectual que trabalha na mídia. Ele tem de decidir se vai ou não se basear naquilo que dá Ibope.

Show sensacionalista ou espetáculo, o fato é que os telejornais do gênero caíram no gosto popular e dominaram principalmente as tardes do SBT e da Band nas décadas de 1980 e 1990. Dentre esses telejornais, geralmente denominados academicamente de *telejornais policiais* ou de *telejornalismo dramático*, como prefere Lígia Lana (2009, p. 18), destacaram-se três: *Aqui Agora* (SBT), *Cidade Alerta* (Record) e *Brasil Urgente* (Band)[3].

Apesar do sucesso desses telejornais, não se pode negar que *O Homem do Sapato Branco*, ainda que não tivesse o formato de telejornal, pode ser considerado um precursor desse telejornalismo dramático. Jacinto Figueira Jr. (falecido em 2005)

---

3   Poderíamos destacar outros telejornais da mesma linha, também de exibição nacional, e de menor expressão – como *Cadeia* e *190 Urgente* (CNT), *Na Rota do Crime* (extinta Manchete) e *Repórter Cidadão* (Rede TV!) –, mas escolhemos os três que apresentaram os maiores índices de audiência.

personificava o homem do sapato branco[4] do programa que foi ao ar em diversas emissoras de televisão – primeiramente na Globo, sendo exibido de 31 de agosto de 1968 a 29 de março de 1969, até ser cassado pela ditadura militar e produzido pelos Estúdios Silvio Santos na transição dos anos 1970 para os de 1980. Nesse período, foi transmitido pela TVS do Rio de Janeiro e pela TV Record de São Paulo e afiliadas. Finalmente, em 1981, passou a aparecer no SBT, indo ao ar às 23 horas. *O Homem do Sapato Branco* abordava temas como violência urbana, pessoas hermafroditas, marginais, curandeiros e outros assuntos que faziam parte do denominado *mundo cão* (expressão criada pelo próprio apresentador).

Perguntas & respostas

O telejornalismo sensacionalista é antiético?

A ética que envolve o jornalismo é a mesma para todas as suas formas de atuação. Por isso, compromissos éticos como não faltar com a verdade dos fatos, sempre ouvir pelo menos dois lados da notícia e buscar informações de interesse social devem sempre ser preservados. Se o telejornalismo atende aos preceitos éticos do jornalismo, não se pode considerá-lo antiético pelo fato

---

4   O sapato branco e o próprio Jacinto Figueira Jr. faziam uma referência a médicos, enfermeiros e dentistas, que, na avaliação do apresentador do programa, eram pessoas que realmente "desejam o bem dos outros".

de fazer uma abordagem "espetacular" da notícia. Também não podemos desconsiderar que as camadas mais pobres da sociedade, muitas vezes, só encontram espaços para dar visibilidade a seus problemas e a suas reivindicações por meio de programas com esse perfil.

•••

Com quatro horas de duração, o *Aqui e Agora* estreou na TV Tupi em 1979, sob a direção de Wilton Franco, com autoclassificação de um "programa de cobertura jornalística ao vivo, destinado aos que desejavam passar a tarde bem informados". O objetivo era "retratar a vida diária da cidade e produzir notícias interessantes sobre o Rio de Janeiro para o esclarecimento do público, bem como sugerir soluções para os problemas da cidade" (Roxo, 2010). Com a falência da Tupi em 1980, a TV Bandeirantes (RJ) comprou o nome do programa e mudou seu formato. Enquanto isso, o SBT ficou com a equipe de profissionais, que foi contratada para produzir *O Povo na TV*.

Vale destacarmos a abordagem que era comum a este último programa. Como registra Roxo (2010), *O Povo na TV* chegou a transmitir a morte de um bebê ao vivo, em dezembro de 1982. Após esperar duas horas na fila da TVS fluminense, a empregada doméstica Maria Erinalda da Silva Garcia começou a ser entrevistada por Wagner Montes. Contudo, durante a entrevista, na qual ela denunciava não ter conseguido atendimento médico na rede pública de hospitais do Rio, o bebê morreu. Na época, o então presidente da Associação Paulista de Medicina, Nélson Proença, declarou que o programa "comercializava a miséria humana, transformando-a em espetáculo e explorando infelizes, diariamente, de forma sensacionalista" (Roxo, 2010, p. 187). Pouco depois, no dia 31 de março de 1983, ocorreu outro problema: o já citado médium Lemgruber acabou sendo identificado como charlatão. Na ocasião o curandeiro e Wilton Franco (o idealizador do programa) foram presos. Foi em meio a esse tipo de controvérsia que, em 1984, *O Povo na TV* chegou ao fim no SBT.

No processo de reformulação de sua grade e de seu conteúdo, com o objetivo de aumentar sua credibilidade perante a uma audiência de maior poder aquisitivo e angariar mais anunciantes, em 1988, Silvio Santos contratou jornalistas de peso para assumir o comando do departamento de jornalismo da emissora. Foram contratados os repórteres especiais de *O Estado de São Paulo*, Marcos Wilson e Luís Fernando Emediato, e o editor-chefe da *Folha de S. Paulo*, Boris Casoy. O correspondente de *O Globo* e ex-diretor da Rede Gazeta de Televisão, Albino de Castro, foi contratado para ser o diretor de um telejornal popular. Como resultado das novas contratações, entrou no ar dia 20 de maio de 1991, às 18 horas e 30 minutos, um programa de nome bastante semelhante ao antigo telejornal exibido pela TV Tupi: era o *Aqui Agora*[5].

---

5   Repare que o nome suprimiu a conjunção *e* evitando o pagamento de direitos sobre o nome anterior, *Aqui e Agora*.

O programa logo caiu no gosto popular e os números de audiência no Ibope mais que dobraram. Reza a lenda que o poderoso José Bonifácio de Oliveira Sobrinho, o Boni, então diretor de produção da Globo, chegou a dizer que não teria outra saída a não ser baixar o nível para concorrer com o SBT. Não se sabe se ele realmente disse isso ou não, mas essa história reforça aquela ideia de que o sensacionalismo está associado ao baixo nível e ao mau gosto. Roxo (2010, p. 189), assinala que "o que incomodava no *Aqui Agora* era o fato de ele ser jornalístico. Diferentemente de *O Povo na TV*, hibrido entre programa de auditório e jornalismo comandado por um não-jornalista, o *Aqui Agora* foi pensado e elaborado por jornalistas profissionais". Nem para o diretor do programa, Albino de Castro, estava clara a classificação do programa como telejornal. Talvez a melhor classificação fosse "especial jornalístico".

> Diante disso, foi iniciado um processo de mudança no seu formato com o afastamento gradual dos "comentaristas exóticos", como Maguila e Enéas. O visual dos repórteres e locutores se tornou mais sóbrio com o uso de terno e gravata. Diminuíram também as reportagens externas relacionadas à investigação policial e se passou a dar mais ênfase ao noticiário informativo diário (Roxo, 2010, p. 192).

Nessa época, foram contratados os jornalistas Leila Cordeiro e Eliakim Araújo para apresentar o telejornal. Apesar dessa busca por um toque de sobriedade, em 1993, o *Aqui Agora* exibiu o suicídio de uma adolescente, o que gerou uma grande e negativa repercussão. O telejornal seguiu por mais alguns anos no ar, deixando de ser transmitido em 6 de dezembro de 1997. Contudo, seu fim não significou o desaparecimento dos programas sensacionalistas.

A partir de então, tornou-se cada vez mais comum apostar todas as fichas de sucesso no carisma do apresentador, apelando para a falta de consistência do que se veicula. Esse é o caso do *Cidade Alerta*, da Rede Record, criado em 1995. Entre idas e vindas de apresentadores durante toda a sua trajetória, passaram pelo programa o ex-árbitro de futebol Oscar Roberto Godói, o jornalista esportivo Milton Neves e até o animador Gilberto Barros, mas sua consagração aconteceu sob a apresentação de José Luiz Datena (Lana, 2009).

Datena ficou à frente do *Cidade Alerta* até 2003, quando se transferiu para a Band. No ano seguinte, Marcelo Rezende assumiu a apresentação do programa, permanecendo na atração até 2005. Depois da saída de Rezende, o programa foi cancelado pela emissora, em junho daquele mesmo ano, por ser considerado inadequado ao novo perfil da Record, que iniciava uma fase de grande crescimento. No entanto, em 2011, depois de quase sete anos na gaveta, o *Cidade Alerta* voltou à grade de programação da emissora, mais uma vez sob o comando de José Luiz Datena. O apresentador, porém, ficou apenas 43 dias na emissora e decidiu voltar para a Band. Ainda nocauteada com a decisão do jornalista, a Record testou William Travassos e depois Reinaldo Gottino como âncoras, mas as tentativas não animaram a audiência. A solução foi pôr fim ao programa mais uma vez, em 12 de setembro de 2011 (Lana, 2009).

Menos de um ano mais tarde, em 4 de junho de 2012, a Record anunciou a volta do *Cidade Alerta* sob o comando de outro velho conhecido, Marcelo Rezende, falecido em 2017, após ficar três meses afastado da TV por motivos de saúde. Sob seu comando, o programa variava na média de 10 pontos na audiência do Ibope e mantinha-se na vice-liderança da emissora na média-dia.

Além da versão para o Estado de São Paulo e para todo o Brasil via satélite, o programa conta com versões regionais exibidas nos outros 25 estados, além do Distrito Federal, de segunda a sexta-feira. Todas as edições podem ser acompanhadas nos finais de tarde pelo *site* oficial da Record, no portal R7, e os internautas também podem interagir através das redes sociais.

Seguindo a mesma linha, estreou em 17 de fevereiro de 1997 o *Brasil Urgente*, na Band (Lana, 2009). O telejornal foi ao ar em formato de programa de auditório, com apresentação de Wilton Franco, antigo apresentador de *O Povo na TV*. O programa ressurgiu em novo formato no dia 3 de dezembro de 2001, sob o comando de Roberto Cabrini.

Em 2003, uma jogada importante aconteceu. A Band contratou o apresentador da emissora rival. A intenção era concorrer diretamente com o *Cidade Alerta*, da Record. Por isso, além de levar o programa ao ar no mesmo horário do concorrente, a Band contratou Datena para ser o seu apresentador, triplicando seus números da audiência no Ibope. Segundo Lana (2009, p. 18-19), "Datena havia apresentado o *Cidade Alerta* na Record. Analistas de TV diziam na época que Datena havia levado para a Band seus telespectadores, fiéis ao apresentador e não à emissora".

Datena ficou no comando do programa por oito anos, até sua saída relâmpago para a Record, de 16 de junho a 30 de julho de 2011, período em que o Brasil Urgente ficou nas mãos do apresentador Luciano Faccioli. Depois, voltou a apresentá-lo.

Ao longo desses mais de 15 anos no ar, o *Brasil Urgente* passou por algumas transformações. Lana (2009) aponta, entre elas, a mudança de estúdio, que saiu da sala de redação para um espaço separado; a nova vinheta de abertura; e os testes que chegaram a ser realizados com a presença de plateia e de um especialista convidado. Nenhuma dessas duas últimas tentativas surtiram efeito. Desde o início, como lembra Lana (2009), o *Brasil Urgente* mantém alguns aspectos estáveis, como a temática de suas matérias voltadas para o cotidiano, a transmissão ao vivo, a participação de pessoas anônimas e de classes mais pobres e a figura do apresentador performático.

Apesar da popularidade desse tipo de telejornal, a crítica assinala o sensacionalismo de seu conteúdo, presente na exploração de dramas cotidianos pessoais, e a apologia ao crime e à violência. Além disso, a classificação etária para exibição desses programas costuma chamar a atenção, uma vez que eles são levados ao ar nos finais de tarde, podendo ser assistidos até por crianças.

Curiosidade

Sobre o perfil da audiência, é possível inferir, com base na pesquisa apresentada por Lana (2009, p. 26) sobre quem assistia ao *Brasil Urgente*, em 2005, que esse gênero atinge, diferentemente do que muitos possam pensar, a todas as classes sociais, incluindo as classes A e B. Os dados apontam índices de 27% para classes A e B, 39% para a classe C e 34% para classes D e E. A audiência era composta em sua maioria por mulheres (53%) e por pessoas com 25 anos ou mais.

Frutos de uma necessidade real das emissoras por mais verbas publicitárias e estratégicas numa disputa desenfreada pela audiência, os telejornais passaram a ser mais valorizados na primeira metade da década de 1990. E, mesmo com o esfriamento de investimentos em novas produções e a menor preocupação com a concorrência na segunda metade da mesma década, continuaram prestigiados e seguiram alcançando altos índices de audiência, incluindo os de telejornalismo dramático.

2.3
Mudança do público do telejornalismo

Quando o programa *Linha Direta*, da Rede Globo, foi ao ar pela primeira vez, em 27 de maio de 1999, muitos se apressaram em sentenciar que aquele misto entre dramaturgia e jornalismo era a tendência de um novo formato de atrações noticiosas da televisão brasileira. Afinal, nos Estados Unidos, o sucesso do programa *60 Minutes* (CBS), do qual foi copiado o formato do *Linha Direta*, reforçava a ideia de que a interatividade associada ao jornalismo e à dramaticidade era a fórmula ideal e o destino certo do telejornalismo.

Todo esse entusiasmo tinha fundamento; afinal, o *Linha Direta* convocava o telespectador para a interatividade, dando a ele a sensação de que as decisões e até mesmo a solução de crimes estavam nas mãos de quem assistia ao programa. A estratégia da Globo era atrair um público até então envolvido com a programação mais popular de outras emissoras. Nos bastidores, essa estratégia indicava não só um interesse pelo simples aumento da audiência, mas também uma tentativa da rede de transformar parte de sua programação em um instrumento que pudesse ser percebido por uma parcela da sociedade deixada de lado por muitos anos como aliado na conquista da cidadania. Por isso, a interatividade com o telespectador podia ser vista como uma ferramenta da própria narrativa.

Segundo Mendonça (2010, p. 260-261), "um dos principais motivos do sucesso da atração foi, sem dúvida, a capacidade de utilizar uma linguagem melodramática de gosto mais popular e flexível do que a utilizada tradicionalmente nos telejornais". Ao misturar a estrutura jornalística das reportagens com técnicas da narrativa ficcional, o *Linha Direta* conseguiu estabelecer um diálogo com as classes C e D que, naquele momento, já não se sentiam mais representadas na programação global.

O sensacionalismo e a denúncia investigativa (beirando ao denuncismo[6]), associados à interatividade, renderam ao programa altos índices de audiência. Essa fórmula pouco ortodoxa – e muito questionada – deu ao telejornalismo o entendimento de que seu destino era mesmo funcionar como espetáculo. Essa, de fato, é ainda uma discussão em curso na análise da trajetória dos meios de comunicação (em especial a televisão) e desses tipos de programa.

---

6   O termo *denuncismo* aqui é empregado como aquela prática de fazer a denúncia sem ouvir o lado do denunciado. É a denúncia pela sensação da própria denúncia, e não pela verdadeira apuração dos fatos.

O sucesso do *Linha Direta* pode ser comprovado não só por seus bons índices de audiência, que o colocaram em terceiro lugar geral de programas mais vistos na Globo em apenas seis meses, atrás apenas do *Jornal Nacional* e da novela das oito, como também pelo resultado de sua proposta de interatividade. Nos oito anos em que esteve no ar, até 6 de dezembro de 2007, segundo a emissora, cerca de 400 criminosos denunciados pelo programa – a maioria foragidos – foram apresentados à Justiça.

O entusiasmo quanto à diferente linguagem do *Linha Direta* para o telejornalismo abre espaço para a importância do pensamento acerca das tendências que o gênero pode seguir.

A década de 1990 foi marcada pela reconfiguração da audiência da televisão. Primeiro, porque boa parte das classes A e B migrou para as TVs por assinatura, enquanto milhões de novos espectadores das classes C e D adquiriam seu primeiro televisor. Associada ao crescimento do público, estava a melhoria da qualidade da imagem e do som dos novos aparelhos de TV. Todos esses movimentos, impulsionados pelo Plano Real – instituído em 1994, durante o governo de Fernando Henrique Cardoso –, foram acelerados a partir da década de 2000, nos governos de Lula e Dilma Rousseff. O resultado das ações desses governos foi uma ascensão social de todas as classes e uma diminuição da pobreza no Brasil.

Segundo dados do Instituto Brasileiro de Geografia e Estatística (IBGE), somente entre 2003 e 2011, as classes D e E diminuíram consideravelmente (de 92,2 para 63,5 milhões), enquanto as classes A e B quase dobraram no mesmo período (de 13,3 para 22,5 milhões).

Nenhuma classe teve uma expansão tão espetacular quanto a classe C, que cresceu de 65,8 para 105,4 milhões de pessoas nos mesmos sete anos (Araújo, 2016). De acordo com dados divulgados na pesquisa *Faces da classe média* (Instituto de Pesquisa Data Popular, 2014), a classe C foi responsável por um gasto total de R$ 1,17 trilhão e 58% do crédito concedido no país em 2013.

Esses dados evidenciam que a sociedade mudou e a televisão também teve que se adequar à nova realidade. As classes populares, especialmente a classe C, ganharam mais espaço na programação das emissoras brasileiras, seja em novos enquadramentos e representações nas telenovelas, como em *Senhora do Destino* (2004) e *Avenida Brasil* (2012), seja por meio de programas mais populares voltados à conquista desse novo público (Araújo, 2016).

Foram os canais de menor audiência que primeiro perceberam essa mudança. "A TV Globo, com seu padrão de qualidade e uma maior rigidez na programação (fruto da sua sólida liderança), precisou de mais tempo para reagir a este movimento" (Mendonça, 2010, p. 265).

A descoberta do popular modificou não apenas o formato (que passou a ser semelhante aos documentários televisivos norte-americanos da década de 1960)[7] e a narrativa do telejornal, mas também a forma de os repórteres apresentarem suas reportagens, usando um tom cada vez mais dramático e heroico e cada vez menos neutro e asséptico. No *Linha Direta*, os apresentadores Marcelo Rezende e, posteriormente, Domingos Meirelles encarnavam bem o papel do mediador que chama, o tempo todo, os telespectadores a solucionar os casos expostos. Em geral, a linguagem jornalística recheada de emoção, dramatização e violência provocou uma identificação com o telespectador das classes populares. De novo, *grotesco* é o adjetivo que melhor define esse tipo de apelo.

O *Linha Direta* inaugurou na TV Globo uma estratégia da emissora que se tornou habitual a partir de então, que é a busca por desempenhar **serviços de utilidade pública** em toda a sua programação, especialmente em seus telejornais. A interação já vinha sendo testada antes, desde quando a emissora exibiu o *Você Decide*, de 1992 a 2000, programa em que o telespectador podia escolher o final da história dramatizada em cada episódio.

---

[7] Esses documentários televisivos da década de 1960, nos Estados Unidos, tinham uma proposta de produção de conteúdo jornalístico misturando a realidade com a ficção hollywoodiana. A estratégia era conquistar a audiência por meio da produção de fatos diversos (*fait-divers*) e narrativas pessoais.

Essa aproximação com a audiência mais popular (classes C e D) envolveu toda a programação da televisão aberta brasileira. O resultado dessas transformações nos telejornais pode ser observado tanto no aumento de pautas que abordam temas populares do cotidiano quanto na busca por interatividade, que se dá por meio de anúncios de páginas virtuais nas quais o telespectador pode buscar mais informações sobre o assunto tratado. Isso reflete também o crescimento acelerado das tecnologias digitais e da convergência dos meios como consequência dessa digitalização.

Por essa razão, no próximo capítulo, exploraremos essas estratégias para se chegar ao telespectador, relacionando-as com o perfil de audiência atual.

Síntese

Desde sua primeira exibição, em 1928, os eventos noticiosos vêm ganhando espaço na programação televisiva em todo o mundo. No Brasil, isso não é diferente. O primeiro telejornal foi ao ar no dia 19 de setembro de 1950, num modelo bem parecido com o do radiojornalismo. Daquele momento em diante, os telejornais se profissionalizaram e passaram por vários avanços tecnológicos, a começar pelos cenários com telões e dinâmica mais interativa. Atualmente, jornais de TV com apelo popular conquistam cada vez mais espaço nas emissoras brasileiras. Misturando melodramas sensacionalistas, denúncias investigativas e interatividade, alcançam altos índices de audiência e acirram a concorrência. Denominados *telejornais policiais* ou *telejornalismo dramático*, os programas de conteúdo noticiosos conquistaram cada vez mais espaço na TV aberta brasileira, a partir da década de 1980, e só fizeram crescer a audiência. Foram os casos de *Aqui Agora* (SBT), *Cidade Alerta* (Record) e *Brasil Urgente* (Band). Essa tendência também apontou para uma redução dos integrantes das equipes de reportagem num sistema completamente digital.

Questões para revisão

1. O primeiro evento noticioso para televisão surgiu na década de 1920, quando a emissora WGY levou ao ar algumas notícias lidas na frente de câmeras de TV. Em que país e ano isso aconteceu?
    a) Na França, em 1924.
    b) Na Inglaterra, em 1925.
    c) Na Alemanha, em 1926.
    d) Nos Estados Unidos, em 1928.
    e) Na Holanda, em 1929.

2. O primeiro jornal diário brasileiro foi o:
   a) *Jornal de Vanguarda.*
   b) *Jornal Nacional.*
   c) *Repórter Esso.*
   d) *Telenotícias Panair.*

3. Para Arbex Júnior (2001), a espetacularização do jornalismo é a radicalização de uma tendência americana que existe desde o século XIX, quando a notícia já era tratada, segundo o autor, como:
   a) Verdade absoluta.
   b) Espelho da realidade.
   c) Entretenimento público.
   d) Informação oficial.
   e) Dominação das massas.

4. Sobre o perfil da audiência dos telejornais sensacionalistas, uma pesquisa apresentada por Lana (2009) sobre quem assistia ao *Brasil Urgente* (Band), em 2005, revelou algo surpreendente. Qual foi a revelação da pesquisa que contrariou a ideia que muitos faziam sobre esse tipo de telejornal?

5. Quando o programa *Linha Direta*, da TV Globo, foi ao ar pela primeira vez, em 27 de maio de 1999, muitos se apressaram em sentenciar que aquele misto entre dramaturgia e jornalismo era a tendência de um novo formato de atrações noticiosas da televisão brasileira. Afinal, nos Estados Unidos, o sucesso do programa *60 Minutes* (CBS), do qual foi copiado o formato do *Linha Direta*, já era algo testado e comprovado. Cite pelo menos três dos principais motivos do sucesso do *Linha Direta*.

Capítulo

03

Tendências do telejornalismo e da audiência da TV nos dias atuais

Conteúdos do capítulo:

- *Crossmedia* e *transmedia*.
- Perfil e medição da audiência.
- Autorreferencialidade.
- Dos meios às mediações.

Comentamos, no capítulo anterior, que o crescimento acelerado das tecnologias digitais e a convergência dos meios se ligam às estratégias para se aproximar do telespectador. Porém as emissoras precisaram entender melhor o aporte tecnológico disponível e a audiência que pretendiam atingir.

Por essa razão, neste capítulo aprofundaremos nossa abordagem sobre as transformações mais significativas pelas quais a televisão passou nos últimos anos. Nesse panorama, o surgimento da internet consta como acontecimento importante para os avanços do mundo e que, obviamente, não pode ser ignorado. As mudanças provocadas pela rede mundial de computadores também atingiram a televisão, não só na forma de ser feita, como também em sua audiência.

Por isso, também explicaremos como é medida a audiência das emissoras e de seus programas no Brasil. Demonstraremos que não só a internet é responsável pelas alterações dos índices de audiência, mas também as TVs a cabo e a autorreferencialidade das emissoras.

3.1
Tendências do telejornalismo

O crescimento das tecnologias acarretou maior convergência dos meios digitais. Assim como os outros gêneros, o jornalismo também vem passando por mudanças e adequações. Para iniciarmos a discussão proposta neste capítulo, devemos definir dois conceitos importantes: *crossmedia* e *transmedia*.

Crossmedia[1] (*ou crossmídia*) é a transmissão do mesmo conteúdo (programa) em outras mídias além da televisão, como o computador e o *smartphone*, por exemplo. Já a ***transmedia*** (ou transmediação), segundo Pucci Júnior (2013), é a estratéria de apresentar uma história expandida em diferentes mídias, sem que se repitam suas partes ou expansões. Reforçamos que a *crossmedia*, ao contrário da transmediação, não promove qualquer alteração da mensagem de um meio para outro.

A *transmedia* não diz respeito a repetições, reedições, remixagens de conteúdo, mas a algo novo baseado no produto original. Podemos usar um exemplo para tornar as definições ainda mais claras. Lembremos, assim, do videoclipe *Vida de Empreguete*, que foi baseado na novela das sete *Cheias de Charme* (escrita por Felipe Miguez e Izabel Oliveira) e difundido em rádios e diversas plataformas da rede mundial de computadores. A *crossmedia*, nesse caso, seria o que se refere aos capítulos, aos perfis das 49 personagens da novela e aos resumos dos capítulos disponibilizados no *site* oficial da Globo. Nesse caso, a travessia seria

• • • • •

1   A palavra inglesa *cross* significa "atravessar, cruzar". Portanto, *crossmedia* significa "levar uma mensagem além de um único meio". Já *transmediação*, que também vem do inglês, significa "além da mídia", portanto, traduz a ação de levar conteúdos diferentes para diferentes mídias, mas de forma que eles se complementem, ou seja, na *transmediação*, cada meio fornece apenas uma visão parcial da mensagem.

apenas da plataforma midiática, sem alteração da fonte emissora (Pucci Júnior, 2013).

Ao aplicar esses conceitos aos telejornais, percebemos que eles também procuram fazer *transmediação* de seus conteúdos, desdobrando em seus *sites* os assuntos abordados em cada edição, oferecendo textos complementares (contatos, documentos, receitas e outros serviços) ou *chats* com especialistas para esclarecimentos sobre o tema abordado durante o programa. Além disso, os telejornais utilizam-se da internet para pesquisas e enquetes, envio de recados, esclarecimento de dúvidas e recebimentos de sugestões, *links* para outros acessos a temas correlacionados e *blogs* de seus profissionais.

Para Fechine e Figuerôa (2010), as transformações mais significativas da TV aberta podem ser resumidas a partir de dois fatores que repercutiram na mídia em todo o mundo: o desenvolvimento acelerado das tecnologias digitais e a intensificação dos fluxos midiáticos transnacionais.

Em uma época de economia e cultura globalizadas, é impossível para a televisão brasileira não absorver as lógicas e estratégias de mercado adotadas e o conteúdo em circulação em todo o mundo. "Não por acaso essa circulação cultural globalizada coincide com a disseminação das tecnologias digitais e móveis que, ao serem incorporadas à produção televisiva, acabaram configurando conteúdos orientados pela transmediação" (Fechine; Figuerôa, 2010, p. 284).

Um exemplo desses avanços tecnológicos no telejornalismo pode ser observado no uso de celulares para as transmissões via satélite conectados a computadores com placa de vídeo que exibem programas, filmes, novelas e telejornais. A junção desses dois componentes tecnológicos (o computador e o celular) resultou na incorporação do **videofone** nas coberturas jornalísticas internacionais. O primeiro grande uso dessa tecnologia foi em 2003, durante a Guerra do Iraque. Segundo Bistane e Bacellar (2014), a tecnologia do videofone (apelidado de "kit correspondente"), começou a ser desenvolvida nos Estados Unidos na década de 1960.

> Nos anos 80, foi aperfeiçoada em reuniões virtuais de empresários – as videoconferências. Uma câmera ligada a um computador portátil capta a voz e a imagem do repórter. Comprimidas cerca de 125 vezes, são transmitidas por telefone, via satélite, em processo semelhante aos anexos que chegam por e-mail. Nas emissoras, são descomprimidas antes da exibição. (Bistane; Bacellar, 2014, p. 113)

O que mais chama atenção no uso dessa tecnologia (videofone), além do fato de que ela dispensa todos aqueles equipamentos necessários para uma transmissão ao vivo, é a possibilidade de o repórter, sozinho, fazer todo o trabalho. "Além disso, o custo é menor e o jornalista adquire mobilidade", lembram Bistane e Barcellar (2014, p. 113). Se a tecnologia avança, a maneira de trabalhar com telejornalismo também.

Outras mudanças de relevo já haviam sido registradas, como, nos anos 1990, quando os computadores chegaram às redações substituindo máquinas de escrever e, na década de 1970, quando as transmissões ao vivo do exterior, feitas via satélite, foram incorporadas ao conteúdo dos telejornais. As equipes de reportagem também diminuíram e, se antes as chamadas *Eletronic News Gathering* (ENGs) eram formadas por, no mínimo, quatro profissionais (cinegrafista, repórter, motorista e operador de cabos), a partir do final da década de 1980, a reportagem já podia ser produzida por apenas um profissional, o repórter, também denominado *videomaker*[2].

Também existem produções feitas unicamente pelo repórter. Além das transmissões por videofone, coberturas inteiras de acontecimentos podem ser feitas por videorreportagens[3] (como

- - - - -

2   Esse modelo surgiu provavelmente com Fernando Meirelles (*Cidade de Deus*, *O jardineiro fiel*), quando ele ainda era diretor na TV Gazeta de SP. Diante da necessidade de compor equipes de reportagem para a emissora e para o programa *TV Mix* (1987-1990), e com o baixo orçamento, Meirelles contratou, em 1987, *videomakers* em vez de compor ENGs. Primeiro, começou com estudantes de arquitetura, depois passou para jornalistas que atuavam como videorrepórteres, também chamados de *repórteres abelhas*. Os *videomakers* deram tão certo que até fizeram um movimento denominado *videoativismo*, na década de 1990, o que provocou a adoção do modelo por outras emissoras.
3   O termo *videorreportagem* é usado por Heródoto Barbeiro para indicar aquelas reportagens feitas pelo próprio repórter, sozinho. A diferença em relação às *matérias videofones* está no tipo de equipamento utilizado. Enquanto nas videorreportagens é comum o uso de câmeras portáteis para realizar as gravações, nas reportagens por videofones o telefone é conectado a um computador para as transmissões via satélite.

no programa *Profissão Repórter*, da Globo, ou o *Passagem para...*, da TV Futura, dentre outros). Esse formato, cada vez mais difundido no telejornalismo, permite que o repórter se envolva na história que acompanha (reportagem participativa), tornando-se uma testemunha dos fatos, ao mesmo tempo que grava com câmeras mais leves com qualidade de imagens para serem reproduzidas em TV. Além de uma linguagem mais intimista, a videorreportagem é mais ágil e permite que o telespectador perceba o formato de ação na qual se destaca a personalidade do repórter.

Nesse novo tipo de linguagem, o videorrepórter é responsável por todo o trabalho da reportagem do começo ao fim. Esse profissional filma, entrevista, edita e até pode apresentar sua matéria. Segundo Barbeiro e Lima (2002), as imagens dos videorrepórteres estão sempre em movimento, com planos-sequência mais longos, reduzindo os cortes da edição. O *off* desaparece da matéria e dá lugar à narração dos fatos filmados. A videorreportagem privilegia a informação em detrimento da qualidade plástica, mas não dispensa o apoio da pauta e da chefia de reportagem.

De acordo com Barbeiro e Lima (2002, p. 75), "de certa forma, o jornalista acumula também a função de editor de texto e reportagem, além de repórter e cinegrafista".

Curiosidade

A transmissão de videorreportagens só é possível graças à existência de outro avanço tecnológico, desenvolvido há quase 60 anos: o satélite. O uso desse invento para transmissões de longa distância é, por si só, um avanço tecnológico sem precedentes. As primeiras transmissões internacionais via satélite foram feitas na década de 1960 por meio do Telestar I e do Intelsat. Os satélites permitiram ao brasileiro assistir à chegada do homem à lua, em 1969, à Copa do Mundo de Futebol, no México, em 1970, e à Festa da Uva, em Caxias do Sul (RS), em 1972. De lá para cá, esse tipo de transmissão não parou mais.

Os satélites não conhecem barreiras para a transmissão de dados, mas têm como desvantagem o alto custo e o *delay*, um atraso entre a emissão e a recepção da informação. Já os *links* de micro-ondas eletromagnéticas, apesar de representarem um menor custo de transmissão, são mais limitados: captam imagens da rua para as antenas das emissoras instaladas em pontos altos das cidades e dali para o ar até a casa do telespectador. Na transmissão a partir desses *links*, qualquer barreira, como prédios altos e viadutos, pode provocar ruídos e até mesmo interromper a transmissão.

O uso da fibra ótica para as transmissões foi capaz de resolver o problema da qualidade de sinais de som e imagem a baixo custo. Os inconvenientes dessa tecnologia são sua fragilidade e sua limitação geográfica. Os cabos são instalados em postes ou em galerias subterrâneas e a transmissão só é possível para áreas a que os cabos chegam.

É claro que toda essa tecnologia é trabalhada por técnicos especializados. Entretanto, mesmo não tendo essa função, os jornalistas precisam conhecer o equipamento utilizado. Afinal, compreender a técnica de transmissão é mais uma maneira de saber lidar com a notícia que se está produzindo.

As transmissões ao vivo se tornaram cada vez mais constante nas emissoras de televisão em todo o mundo; ainda assim, o uso de videoteipe para produções pré-elaboradas ou editadas também ocupa lugar de destaque, especialmente em produções especiais, comemorativas ou de grandes reportagens.

A tecnologia influiu no fazer jornalístico, e a utilização do videoteipe[4] foi um recurso de fôlego, pois dava a possibilidade de testar as produções jornalísticas antes de irem ao ar. Durante o período da ditadura militar no Brasil, o videoteipe garantiu que nenhum conteúdo considerado impróprio pela censura fosse exibido, o que provocaria a ira dos vigilantes da censura. Sem esse sistema de gravação, teria sido praticamente impossível garantir

---

4   O videoteipe, criado em 14 de abril de 1956, pelos cientistas americanos da Ampex, Charles Ginsberg e Ray Dolby, é um sistema de gravação, edição e reprodução de imagens e som televisivos em fita magnética.

que não fossem ao ar conteúdos que contrariassem a censura, o que poderia custar, dependendo do conteúdo exibido, desde sanções leves até o fechamento da emissora.

A tecnologia avançou também em outras áreas, chegando ao sistema de transmissão digital[5]. As produções jornalísticas, assim como as demais produções televisivas, sentiram o peso dessa nova era, cujo principal resultado é a melhoria do som e da imagem oferecido à audiência, que, consequentemente, passou a exigir mais qualidade daquilo que assiste e ouve. Entre outras ações, o jornalismo teve de ficar mais atento.

3.2
Os índices e o perfil da audiência

Uma pesquisa do Ibope de agosto de 2013 apontou que 94% das pessoas assistem televisão *off-line* e apenas 6%, *on-line*. Isso não quer dizer, porém, que programas antes tipicamente televisivos não estejam migrando para a rede mundial de computadores e adaptando seus formatos e linguagens às novas tecnologias digitais.

- - - - -

5   O sistema de transmissão adotado no Brasil é o SBTVD, desenvolvido pelo Japão e porque proporciona mais mobilidade e portabilidade sem custos para o consumidor final, além de atender melhor o padrão de energia brasileiro. O SBTVD permite transmitir um programa de alta definição ou oito simultâneos em definição padrão (720 × 480 *pixels* – qualidade de DVD). Comparativamente, a televisão analógica transmite em, no máximo, 333 × 480 *pixels*.

Antes de prosseguirmos com essa análise, é importante explicarmos como o Ibope mede os índices de audiência da televisão. Primeiramente, em todas as suas medições, o Instituto utiliza o mesmo método, contudo com representatividades diferentes. De acordo com o Ibope, "um ponto na medição da audiência na grande São Paulo representa cerca de 58 mil domicílios, enquanto no Rio de Janeiro, o ponto corresponde a 36 mil domicílios e em Porto Alegre a pouco mais de 14 mil lares ligados para cada ponto registrado" (Kantar Ibope Media, 2016).

Curiosidade

A escolha dos domicílios e das pessoas que farão parte da medição do Ibope leva em conta um levantamento socioeconômico que representa a população.

Essas diferenças de equivalência dos pontos acontecem basicamente por duas razões: comercial e estatística. Comercialmente seria inviável para o Ibope instalar a tecnologia do *peoplemeter*[6] em todos os domicílios da região em que faz a medição. Além de o equipamento ser caro, ainda há a logística de instalação e o trabalho de acompanhamento de todos os dados gerados.

---

6 *Peoplemeter* é o nome oficial do aparelho medidor da audiência, cuja tecnologia foi desenvolvida pelo Brasil e já foi exportada para países como Argentina e Chile.

Já estatisticamente, funciona para definir a amostra mínima necessária que represente o universo a ser medido. Essa amostra é definida pelos censos populacionais realizados pelo IBGE. Assim, um grupo de algumas centenas de pessoas, dada a similaridade de comportamentos e hábitos, pode representar a população de Curitiba, por exemplo. Isso acontece por meio dos cálculos da projeção, pelo qual se chega ao resultado final do universo.

Na grande São Paulo, por exemplo, são 750 domicílios com DIPs (nome popular do *peoplemeter*) instalados em até quatro aparelhos de TV cada. Com esse pequeno aparelho, é possível obter informações básicas todas as vezes que alguém da residência assiste à televisão, como o número de pessoas que estão na frente da TV, sexo, idade e canal escolhido. Essas informações são fornecidas pelos próprios moradores em um acordo de confiança firmado com o Ibope. Com base nesses dados, o Instituto emite relatórios a cada minuto para as empresas assinantes, incluindo as emissoras de TV.

De acordo com Amaral (2012), sem as informações dos usuários, o Ibope consegue apenas reconhecer o som da TV em que o *peoplemeter* está instalado e encaixá-lo em um dos padrões sonoros que estejam sendo veiculados naquele momento pelos canais de televisão abertos. Assim, é possível saber que o aparelho de TV está ligado em algum canal aberto, mas o Ibope não é capaz de precisar em qual. Para determinar a audiência específica de cada canal, o instituto depende das informações dos moradores da casa onde o *peoplemeter* está instalado.

Além de concorrerem pela audiência, as emissoras de televisão brasileiras vêm se esforçando – inclusive financeiramente – para continuar sendo a mídia preferida dos brasileiros. Mesmo assim, a internet cresce em todo o mundo a cada ano e é possível encontrar diversos registros que apontam para a queda da audiência das televisões abertas. Para se ter uma ideia, mesmo com o saldo positivo na arrecadação no ano de 2012, impulsionado principalmente pelo faturamento de R$ 2 bilhões gerados pela novela *Avenida Brasil*, a Rede Globo teve um dos piores anos de sua história no tocante à audiência. Conforme publicado pelo jornal *Folha de S. Paulo*, "foram 14,7 pontos (cada ponto corresponde a 60 mil domicílios na Grande São Paulo), das 7h à meia-noite. A Record manteve a vice-liderança, com 6,2 pontos, seguida pelo SBT, que marcou 5,6 pontos. [...] A Band ficou com 2,5 pontos, enquanto a RedeTV! teve apenas 0,9 ponto" (Moreno, 2013). Todas as emissoras abertas apresentaram queda de seus índices de audiência quando comparados com o ano anterior.

As causas desse fenômeno, que ainda pode ser comprovado nos dias atuais, podem ser analisadas sob alguns aspectos. Aqui, apontaremos três que consideramos cruciais.

O primeiro é o **crescimento da audiência das TVs a cabo**, cujos números registram a vertiginosa elevação de 3,5 milhões de assinaturas em 2002 para mais de 18,7 milhões em 2016 (ABTA, 2017). Segundo Villela (2016), em 2014, a TV paga estava presente em 32,1% dos lares brasileiros com televisão[7]. Além disso, o perfil do assinante mudou: segundo Renato Meirelles, sócio-diretor do Instituto Data Popular (citado por Moreira, 2013), em 2013, 95% dos novos assinantes pertenciam às classes C e D. Em termos de faturamento, a TV paga também já ultrapassou a TV aberta. No primeiro trimestre de 2012, conforme Brentano (2012), dados da Associação Brasileira de Televisão por Assinatura (ABTA) indicam que foram R$ 5,4 bilhões de faturamento para as TVs por assinatura, contra R$ 4,2 bilhões para as TVs abertas.

O segundo aspecto atrelado à queda da audiência das TVs abertas é o **crescimento do uso da internet, de redes sociais e de serviços de** *streaming*, motivado especialmente pela expansão da telefonia móvel no país e de serviços como a Netflix para as *Smart Tvs*. Conforme o *site* Teleco (2017), "Dados na Anatel indicam que o Brasil terminou julho de 2017 com 242,0 milhões de celulares e densidade de 116,53 cel/100 hab". A participação dos aparelhos pré-pagos foi de 65%.

Os aparelhos celulares, além de serem fáceis de carregar e estarem disponíveis em variados modelos e preços, oferecem tecnologia que possibilita a convergência de mídias e os transforma em uma plataforma multimidiática. Essas vantagens

---

[7] O percentual brasileiro ainda é baixo quando comparado ao de países como Estados Unidos e Canadá, por exemplo, nos quais a TV por assinatura está presente em 80% dos domicílios.

tornam eses aparelhos mais atrativos e práticos do que os televisores. Por isso, se a audiência dos canais abertos vem apresentando queda, o mesmo não se aplica à audiência da mídia televisão.

O terceiro e último aspecto para a queda da audiência das TVs abertas pode ser entendido quase como uma consequência do segundo: a **autorreferencialidade**. Para Santaella (2008, p. 56), "esse novo espaço de trocas e cruzamentos de mídias e processos sígnicos constitui-se em um caldo rico e propício à expansão de todos os tipos de processos autorreferenciais, com a resultante impressão de que, em muitas ocasiões, o que a mídia faz é falar da mídia".

A autorreferencialidade remete à base teórica da comunicação de Luhmann (1984; 2005), que distingue três formas de autorreferência:

1. **Autorreferência basal** – Situada no controle regular do entendimento por meio de reações e confirmações daquilo ou de quem a precede).
2. **Autorreferência procedural** – Consiste na reflexividade real da comunicação, ou seja, quando se fala sobre o que deve ou não ser comunicado – é a metacomunicação.
3. **Autorreferência baseada na reflexão voltada ao sistema** – Exemplificada pela autorrepresentação, em oposição a seu meio.

A autorreferencialidade está presente na forma como a maioria das emissoras de canal aberto tem olhado para suas produções. É o chamado jogo de espelhos, de Bourdieu (1997), ou o tautismo, anunciado por Sfez (2000). O problema da autorreferencialidade está em se perder pela atração dos produtores a seu próprio produto, ou seja, as produções televisivas serem traídas por sua vaidade. A consequência, diz Sfez (2000), seria um distúrbio ou estado mental de fechamento em relação ao restante do mundo (nesse caso, a audiência), criando uma convicção própria com pouco ou nenhum contato com as pessoas que a assistem.

Para Bourdieu (2010, p. 15), "o poder simbólico, poder subordinado, é uma forma transformada, quer dizer, irreconhecível, transfigurada e legitimada, das outras formas de poder". Em outras palavras, os símbolos só atingem seus propósitos na mídia quando o receptor (público-alvo) absorve sua definição previamente concebida e a toma para si como uma forma de representação da realidade. Entendida assim, a **representação midiática** passa a ser a única possível. No entanto, por mais que tentem influenciar a audiência, as emissoras de TV, por diversas vezes, são questionadas sobre sua postura em diversas áreas, especialmente a política.

Sfez (2000) acredita que esse olhar da mídia para si mesma é a característica do que ele chama de "comunicação confusional", um traço dominante contemporâneo em que o processo comunicacional teria se tornado um diálogo sem personagem.

Para o autor, "o tautismo é o resultado da hipertrofia dos sistemas de comunicações que, como todo e qualquer sistema complexo, teriam como características a auto-organização e o fechamento".

Para pesquisadores como o chileno Francisco Varela e o já mencionado alemão Niklas Luhmann, os sistemas tendem a se auto-organizar para estabelecer trocas de informações com o mundo exterior, porém o ambiente em que essas interações são estabelecidas já é cartografado por projeções do próprio sistema, de modo que o que vem de novo do ambiente é absorvido como apenas mais um vetor de projeção anterior do sistema sobre o ambiente. "Isso criaria um 'fechamento operacional' onde qualquer informação externa é traduzida por uma descrição que o sistema faz de si mesmo" (Ferreira, 2013).

Para Sodré (2002, p. 236), a problemática da autorreferencialidade midiática é uma questão semiótica:

> Semioticamente, a autorreferencialidade ocorre quando um discurso, um texto, um processo de signos, de certo modo, com maior ou menor intensidade, refere-se a si mesmo, em vez de se referir a algo fora da mensagem transmitida. [...] a mídia vive do discurso que faz sobre sua própria simulação das outras realidades.

O que Sfez (2000) denomina de *tautismo*, Sodré (2002) chama de *simulação de outras realidades* e Santaella (2008) de *intermidialidade* ou *hibridação*. Neste livro, nós adotamos o nome metafórico *estrabismo convergente da mídia*[8], isto é, o olhar desviado da mídia para si mesma.

Percebemos que o raio desse olhar estrábico da mídia não alcança todo o ângulo da audiência, causando distúrbios interacionais entre a emissão e a recepção ou, em outras palavras, a perda de foco entre os produtores de televisão e os consumidores de suas obras, o que reflete na queda de audiência.

Nesse ponto, vale perguntarmos: Onde está essa audiência? Podemos dizer que, a princípio, ela se encontra na "mediação" (Martín-Barbero, 2009) entre a emissão e a recepção propriamente dita. Segundo Lopes et al. (2013), "os fãs que antes ficavam na sala, agora estão na internet". Cabe a ressalva de que os fãs, garantem os autores, são diferentes de espectadores. O fã é o espectador que se envolve emocionalmente com os produtos da mídia; ele organiza e seleciona conteúdos e compartilha objetos de mídia. Em suma, esse fã descrito pela autora é um mediador dos produtos midiáticos e interage com eles e utiliza-se de diversas plataformas tecnológicas para manifestar suas opiniões.

---

8   Existem três formas de estrabismo: o mais comum é o *convergente* (desvio de um dos olhos para dentro), mas pode ser também *divergente* (desvio para fora) ou *vertical* (um olho fica mais alto ou mais baixo do que o outro). Como característica comum, todas as formas correspondem à perda do paralelismo dos olhos. O estrabismo convergente da mídia – tautismo, hibridação, intermidialidade ou simulação de outras realidades – não deve ser confundido com outros conceitos, como *crossmídia* e *transmídia*, que são mais indicados para entender os movimentos por meio dos quais a mídia apresenta esse estrabismo do que as causas para sua existência.

Perguntas & respostas

Qual é a relação entre o conceito de *mediação* e a audiência, de acordo com Jésus Martín-Barbero?

Para Martín-Barbero, as mediações são movimentos de configuração e reconfiguração relacionados às apropriações, ressignificações e recodificações baseadas na experiência particular dos receptores. A ideia do autor é de que os elementos do paradigma informacional – emissor, receptor, meio e mensagem – estão envolvidos em contextos culturais, que se manifestam de diversas formas. A chave dessas manifestações é a mediação. Dito de outra forma, a mediação é o processo no qual as manifestações comunicacionais articulam tramas culturais, políticas e sociais entre a emissão e a recepção.

As considerações feitas até este ponto demonstram que a televisão na qualidade de mídia não perdeu audiência; na realidade, é seu suporte de recepção que está em plena mutação. Isso porque está se tornando cada vez mais comum assistir televisão pelo computador. Além disso, a expectativa é de que esse comportamento seja ampliado e chegue ainda mais às telas dos celulares. Em contrapartida, não podemos nos esquecer de que toda essa transformação requer, por parte das emissoras, uma avaliação constante de sua programação, com atenção a consumidores cada vez mais exigentes, que solicitam conteúdos diversificados, interessantes e instrutivos.

As informações podem ser acessadas em diversas fontes, a televisão é apenas uma delas. Por isso, é importante que as emissoras de televisão entendam que a coincidência e a consonância midiáticas surtem menos efeito de influência sobre a audiência do que há 10 ou 20 anos. Afinal, hoje a maioria da população dispõe da internet como uma aliada no esclarecimento de suas dúvidas, e isso não pode ser ignorado. Daí o surgimento e o crescimento de portais de notícias (G1, da Globo, e R7, da Record, por exemplo) e, junto deles, a presença de jornalistas, formatos e imagens cada vez mais distantes do convencional.

Diante de tantas transformações e com a preocupação de atingir esse público jovem, algumas emissoras de televisão estão apostando em apresentadores com linguagem e aparência jovens, que traduzem um estilo de ser atual. São moças e rapazes com *piercings* e tatuagens, vestindo óculos *fashion*, usando roupas e cabelos coloridos. Geralmente apresentam o noticiário de pé, em um cenário pouco elaborado, transcendendo todo o formato tradicional dos telejornais, muito copiado do padrão norte-americano.

Curiosidade

O novo formato jornalístico ainda está atrelado ao comando central de jornalismo das emissoras, que dita toda a linha editorial, não permitindo que nem os jovens, nem os tradicionais possam fugir do padrão pré-estabelecido de acordo com os interesses econômicos e políticos da direção.

Outra observação sobre esses portais é sua apresentação em blocos de um minuto em quatro edições diárias (duas pela manhã e duas à tarde), como é o caso do *G1 em um minuto*, que integra grade de programação da Globo. Nessas edições *crossmidiatizadas* da internet para a televisão, os apresentadores oferecem notas dos acontecimentos em destaque, com uma aparência fora dos padrões tradicionais do telejornalismo e até abusando da linguagem coloquial da TV, mas sem perder a linha editorial (especialmente política e econômica) definida pela emissora; ou seja, é uma maneira diferente de dizer a mesma coisa.

Síntese

Mesmo com todos os avanços tecnológicos (entre eles a internet), a televisão continua sendo assistida por 94% das pessoas de maneira *off-line*. Os números do Ibope mostram que a audiência da TV está em crescimento, mas as televisões abertas estão perdendo espaço, basicamente, por três motivos: o crescimento das TVs a cabo, a internet e suas redes sociais e a autorreferencialidade das emissoras na produção e exibição de seus conteúdos. Dito de outro modo, a televisão na condição de mídia não está perdendo a audiência, mas seu suporte de recepção está em plena transformação. A informação, assim, pode ser pesquisada em diversas fontes, a TV é apenas uma delas. Concomitantemente, o conteúdo está cada vez mais mediado nesse processo entre a emissão e a recepção.

Questões para revisão

1. Podemos apontar como causas para a queda da audiência das televisões abertas no Brasil os fatores a seguir, **exceto**:
    a) O crescente número de canais de TV fechada.
    b) A queda no faturamento motivado pela redução de patrocinadores.
    c) O crescente número de uso da internet e suas redes sociais.
    d) A autorreferencialidade das emissoras, que olham mais para suas criações do que para o gosto do público.

2. Qual o nome dado por Sfez (2000) à característica do que ele chama de *comunicação confusional*, um traço contemporâneo

no qual o processo comunicacional teria se tornado um diálogo sem personagem?

a) Tautismo.

b) Abstracionismo.

c) Revanchismo.

d) Egoísmo.

3. Qual é o significado da expressão *estrabismo convergente da mídia*?

a) Um ruído provocado na recepção dos produtos midiáticos.

b) Um olhar direcionado apenas para um gênero social.

c) Um mecanismo de correção da audiência.

d) Um olhar da mídia desviado para si mesma.

4. Para pesquisadores como o chileno Francisco Varela e o alemão Niklas Luhmann, os sistemas tendem a se auto-organizar para estabelecer trocas e informações com o mundo exterior. Porém, o ambiente em que essas interações são estabelecidas já é cartografado por projeções do próprio sistema, de modo que o que vem de novo do ambiente é absorvido como apenas mais um vetor de projeção anterior do sistema sobre o ambiente. Qual é a principal consequência desse processo?

5. Quais são as três formas de autorreferência apontadas por Luhmann (1984)? O que significa cada uma delas?

A J M R L C S N I M L
J A L N V S I C R S C

Parte 02

Técnicas de telejornalismo

Capítulo

04

Escrita para TV

Conteúdos do capítulo:

- Como escrever para televisão.
- O que vem primeiro na reportagem: as imagens ou o texto?
- Uso adequado da língua portuguesa.
- Dicas para escrita na televisão.

Na Parte 1, retomamos a história da televisão e do telejornalismo, e esclarecemos como se dá o comportamento e a medição da audiência. Agora, é chegada a hora de abordarmos de maneira mais aprofundada questões técnicas. Começaremos pela escrita; afinal, para ser um bom repórter de TV, é preciso saber escrever para esse veículo.

Neste capítulo, de um jeito simples, indicaremos algumas estruturas textuais apropriadas para televisão, daremos algumas dicas para a elaboração de textos corretos e atrativos para matérias e mostraremos o que é considerado certo e errado ao se escrever para essa mídia. Além disso, explicaremos por que as imagens e as falas na televisão são dois elementos que devem andar juntos, associados ao modo coloquial de se expressar.

4.1
Escrever para falar e para ser ouvido

Antes de mais nada, é importante salientarmos que o jornalista de televisão precisa estar atento a seis aspectos:

1. Visualidade – Diz respeito àquilo que a televisão mostra: uma linguagem imagética sem fronteiras de idiomas ou da escrita. Imagens de um acidente aéreo, por exemplo, podem ser entendidas por qualquer pessoa em qualquer país do mundo.
2. Instantaneidade (da informação) – Refere-se ao caráter momentâneo da informação, que precisa ser recebida no

mesmo instante em que é transmitida. Se o telespectador não estiver atento à TV no momento da emissão da notícia, ele perderá aquela mensagem.

3. Imediatismo (da transmissão) – Relaciona-se o aspecto contemporâneo e universal da televisão ao apresentar os acontecimentos no momento exato em que eles acontecem.

4. Penetração – Refere-se ao aspecto abrangente e de grande alcance da televisão. No Brasil, por exemplo, a televisão atinge mais de 98% dos lares.

5. Superficialidade – Toca à natureza das mensagens televisivas. É o que Paternostro (2006) chama de "*timing* de TV" ou "ritmo da TV" que, segundo a autora, não permite densidade nas mensagens, principalmente nas de caráter jornalístico.

6. Envolvimento – Concerne àquele fascínio que a televisão desperta no telespectador por seu conteúdo. No telejornalismo, a fácil identificação dos repórteres e o jeito de cada um contar a notícia reforçam essa aproximação e o envolvimento do telespectador com as mensagens.

Perguntas & respostas

Qual é a diferença entre *instantaneidade* e *imediatismo* na televisão?

Em princípio, as duas palavras têm alguma relação entre si. Afinal, a instantaneidade está relacionada ao caráter momentâneo, pouco duradouro das coisas, ao passo que o imediatismo trata daquilo que não tem preocupação com o futuro ou com suas consequências. Em televisão, a instantaneidade está associada ao caráter momentâneo da informação. Se não estiver atento à informação veiculada, o telespectador poderá perdê-la exatamente por causa de sua instantaneidade. Já o imediatismo, nesse ramo, trata da necessidade de a televisão de apresentar os fatos no momento em que eles acontecem. Além dessas diferenças, podemos dizer que a instantaneidade está relacionada à notícia, e o imediatismo, ao meio (televisão).

Embora o provérbio chinês que diz que "uma boa imagem vale mais do que mil palavras" seja totalmente compreensível na televisão, não se pode afirmar que a imagem comanda o texto no telejornalismo.

Na verdade, imagem e texto devem andar sempre juntos. Uma imagem viva, em movimento, pode perder toda a sua força se o texto não der a ela uma dose de emoção. As palavras são o complemento das imagens. Por isso, é aconselhável evitar frases de efeito, clichês e chavões (expressões como "acalorada discussão", "afogou as mágoas", "ambiente descontraído", "a nível de", "branco como a neve", "discreto silêncio", "discurso positivo", "sob intenso tiroteio", "por força das circunstâncias", "situação sem precedentes", "princípio do fim", "*status quo*"). Além de tornarem o texto pretensioso e pedante, tais construções fazem o texto parecer chato e piegas.

Além de ser o mais objetivo possível, o texto para televisão deve ser coloquial, claro e preciso. Também deve ser direto, informativo, simples (sem ser pobre) e pausado. O jornalista que quer escrever para televisão precisa rever seus conceitos e preconceitos e dedicar-se muito ao veículo. Eis, então, algumas dicas:

- Escrever é cortar palavras. O poeta mineiro Carlos Drummond de Andrade já dizia que o texto enxuto é o melhor. Por isso, para que usar várias palavras se é possível se fazer entender com uma só?
- O texto para televisão deve ser coloquial, ou seja, simples, mas com a ressalva de obedecer às regras gramaticais e, claro, estar aticulado às imagens.
- Cada jornalista tem um estilo próprio; portanto, não existem fórmulas prontas para definir um estilo. Cada um, ao longo de sua prática profissional, vai encontrando seu jeito de escrever, de acordo com seus acertos e seus erros no exercício diário da profissão. Por isso, o que importa é honestidade, caráter, dignidade, dedicação e humildade envolvidos na busca constante pela verdade.

Ao escrever um texto para televisão, o jornalista deve lembrar que ele será lido em voz alta pelo repórter, âncora ou apresentador (locutor) e ouvido por diversas pessoas (telespectadores). O aspecto de instantaneidade da televisão exige que o texto seja de fácil entendimento, pois o telespectador terá de assimilar a mensagem em um tempo muito curto. Ao contrário do jornal impresso, esse telespectador não terá a oportunidade de retomar o texto para lê-lo novamente, quantas vezes for necessário, até entendê-lo. Por isso, o redator deve ler em voz alta seu próprio texto, pois só assim descobrirá falhas que poderão aparecer na hora que o texto for levado ao ar, como ressonâncias (sons que se repetem como em "o treinador percebeu que o jogador sentiu dor antes de entrar em campo contra o Equador").

A sonoridade das palavras é importante na televisão. O jornalista Armando Nogueira (falecido em 2010) falava em "musicalidade das palavras". Por isso, a leitura em voz alta ajuda a corrigir o texto e a descobrir sinônimos de palavras que deem melhor sonoridade à frase, sem prejuízos à informação. Às vezes, apenas mudar a ordem das palavras já resolve o problema. É importante também ter cuidado com os cacófatos, que são aquelas combinações de palavras cuja pronúncia pode provocar ambiguidade, produzir som desagradável ou sugerir palavra inconveniente (por exemplo: "o *boom* da propaganda" ou "encontrado pela Dona Maria"). Evite também as aliterações, que consistem na repetição de fonemas em palavras simetricamente dispostas, comuns na poesia e geralmente usadas quando se deseja uma harmonia imitativa (por exemplo: "vozes veladas, veludosas vozes, volúpias dos violões, vozes veladas..."[1]).

---

1   Trechos da poesia "Violões que choram", do simbolista brasileiro João Cruz e Souza (1861-1898).

É interessante que o texto para televisão tenha ritmo. Assim como a melodia dita o ritmo da dança, o texto dita o ritmo da mensagem. Por isso, esse tipo de texto não pode ser monótono, agressivo, contundente ou lento. É preciso que ele seja equilibrado e dê ao telespectador um ritmo para que possa ser claramente entendido.

Portanto, para tornar seu texto bem ritmado, o jornalista deve usar frases curtas, que deem sentido de ação à notícia e passem a informação para o telespectador de maneira objetiva e clara. O profissional deve variar um pouco o tamanho das frases, para evitar que seu texto se assemelhe a um telegrama. Uma frase longa (para leitura do locutor e para o ouvido do telespectador), por exemplo, tem cerca de seis linhas.

Outra sugestão importante para manter o texto com bom ritmo é **usar pontuação** de maneira adequada, estabelecendo pausas e ditando o tom que se deseja. A pontuação das frases pode dar ao locutor oportunidades de respirar.

Por último, o redator deve evitar o que se é conhecido como *gagueira textual*, que consiste em repetições excessivas de palavras ou pronomes, especialmente o "que" e o "qual". Elas costumam formar estruturas textuais muito ruins, como neste exemplo: "Gostaria *que* você pudesse fazer *que* eles entendessem *que* a natureza não precisa deles, mas *que* eles é *que* precisam da natureza". É possível que surjam até mesmo erros quase imperceptíveis, como nesta frase: "Observe *em qual* situação você está metido e *às quais* estou me referindo, antes de pensar *em quais* soluções podemos buscar".

Depois de redigir seu texto seguindo essas orientações, o profissional deve lembrar-se de **ler o seu texto em voz alta**.

4.2
Ver e escrever, escrever e ver

Para iniciar esta seção, apresentaremos um relato pessoal:

> "Televisão é um meio para falar mostrando". Lembro como se fosse hoje da frase que a professora de telejornalismo repetia em quase todas as aulas na década de 1980. Naquela época, ouvia isso quase como um mantra, mas hoje entendo que existia um erro na ordem das palavras. Para mim, a televisão é um meio para mostrar falando. E esse falar nem sempre é necessário.

Como assinala Paternostro (2006, p. 49), "quando existe uma imagem forte de um acontecimento, ela leva vantagens sobre as palavras. Ela é suficiente para transmitir, ao mesmo tempo, informação e emoção".

É claro que não queremos aqui desprezar a importância das palavras em razão da absoluta necessidade das imagens para se fazer televisão. Afinal, não se faz televisão sem imagem, mas também não é possível descartar as palavras. O desafio do jornalista de televisão é combinar a informação visual com a auditiva, sem prejuízo para nenhuma das duas; é fazer texto e imagem caminharem juntos. Afinal, o papel da palavra é dar apoio à imagem e não brigar com ela.

Tendo reconhecido isso, perguntamos: Nessa relação entre imagem e palavra, o que vem primeiro? Bem, para escrever para televisão, o jornalista precisa saber quais são as imagens que tem à disposição. Afinal, como poderá falar sobre algo que não viu? Por isso, precisa saber se as informações que constarão no texto têm imagens correspondentes. O texto, portanto, não precisa ser descritivo (tipo audiovisual); afinal, se as imagens já mostrarão, para que descrevê-las? Isso é chato, repetitivo e sem necessidade. O texto para televisão é narrativo e bem articulado com as imagens. Ele deve apenas identificar os elementos fundamentais da notícia.

- Para ser completo, o texto jornalístico precisa responder às seis perguntas que orientam também os jornalistas de outros meios: Quem? O quê? Onde? Quando? Por quê? Como?
- O texto deve ser objetivo, claro e conciso.

Você, leitor, pode estar pensando: O jornalista pode escrever um texto correto e, mesmo assim, parecer pouco criativo? Bem, a criatividade depende de cada jornalista, mas, geralmente, ela está associada à **sensibilidade**. Ambas – criatividade e sensibilidade – são desenvolvidas com a prática e criam o estilo de cada profissional de TV. Assim, evitando textos descritivos e com informações redundantes, buscando informações fundamentais e usando sua criatividade, naturalmente o jornalista estará construindo ótimos textos para televisão, sempre bem associados às imagens.

Vale lembrarmos também que, muitas vezes, o silêncio pode valer mais do que mil palavras. Esse é o caso daquelas imagens que, por si sós, apenas com alguma trilha sonora, dispensam qualquer intervenção verbal. Além disso, é interessante o jornalista ter em mente que a televisão sempre está em um contexto diferente daquele em que sua matéria foi criada. Por isso, às vezes, chamar a atenção do telespectador para esse fato é importante.

Imagine que você, na condição de repórter, esteja apresentando uma matéria sobre o aumento do custo de vida, enquanto milhares de pessoas assistem a essa reportagem em restaurantes ou *shoppings* lotados ou no meio de um engarrafamento. Para isso, alguns recursos de texto são utilizados para chamar a atenção do telespectador para o que está sendo noticiado: "atenção", "uma informação que acabou de chegar", "preste bastante atenção nesta informação", "você precisa saber disso". A repetição de imagens ou a chamada de atenção para elas também se constituem como recurso do texto, expresso em frases do tipo: "veja as imagens ao vivo do local"; "veja as imagens em câmera lenta"; "veja novamente as imagens".

4.3
Uso da linguagem coloquial

Para começar esta seção, analisemos a seguinte declaração:

> Assim que os meganha *apontô* na porta, o cara saiu vazado da balada. Demorô! Só podia *dá* ruim! *Concordô* geral, afinal, o *playboy* é o maior 171 do pedaço e os milico *tão* na cola dele faz tempo.

Se você não entendeu essa frase, não se preocupe. Porém, se você entendeu tudo, deve ser capaz de entender uma linguagem bastante informal e repleta de gírias. E o que isso quer dizer? Se você é jovem e está acostumado com o uso desses registros, ricos em expressões metafóricas, jocosas e efêmeras, é natural falar assim. Contudo, é essencial ficar atento a isso no momento de escrever. O uso adequado da língua portuguesa exige adaptações referentes à fala e à escrita. Há uma linguagem mais informal e popular, utilizada no cotidiano e que permite mais fluidez na comunicação oral. Essa maneira de falar é o que chamamos de *linguagem coloquial*. No entanto, será que falar de maneira coloquial é o mesmo que produzir um texto coloquial? Quando se trata de televisão, a resposta é: não exatamente.

Na televisão, o texto deve ser coloquial, mas isso não libera os jornalistas para escreverem sem atentar para as normas gramaticais. O uso de gírias o tempo todo, por exemplo, pode não ser bem visto pelo público. Precisamos lembrar que esses profissionais se dirigem ao grande público e que todos precisam entender a informação prestada. Por isso, o texto coloquial usado na televisão é aquele em que o nível de formalidade é menor, mas que não dispensa as adequações às regras mais básicas da gramática da língua portuguesa, como na fala coloquial.

Portanto, o texto para TV deve, sim, refletir a linguagem popular, ser mais dinâmico, marcado por uma grande fluidez verbal, mas sem prescindir das principais regras da norma culta da língua. Em outras palavras, nesse tipo de texto deve-se usar a linguagem coloquial, mas sem excessos. Deixemos claro que não existe certo ou errado, mas adequado ou inadequado. Assim, a frase apresentada no início deste capítulo, em linguagem coloquial, poderia ser readequada da seguinte maneira:

> O rapaz saiu rapidinho da festa, assim que viu os policiais entrando. Todos os presentes concordaram que, mais cedo ou mais tarde, isso iria acontecer, afinal, a polícia está atrás dele já há algum tempo. Esse moço vive aplicando golpes na região.

A busca por um texto coloquial no jornalismo praticado na televisão tem a finalidade melhorar a comunicação com o telespectador; afinal, as pessoas estão acostumadas com a linguagem informal utilizada no dia a dia. Um texto simples tem, assim, a capacidade de atingir um público heterogêneo (classes sociais, instrução e idades diferentes). Mas, atenção: um texto simples não significa um texto pobre ou vulgar. Um texto simples é aquele que apresenta uma maneira natural e espontânea de expressar-se, alcançando fácil entendimento. Para se chegar a esse resultado, é possível seguir algumas técnicas, as quais relacionamos a seguir.

Em primeiro lugar, a forma mais correta de redigir um texto desse tipo é **usar a ordem direta**, ou seja, construir orações em que o sujeito esteja antes do predicado. O sujeito é o termo sobre o qual o predicado declara alguma coisa, (geralmente uma ação definida por um verbo); já o predicado é o que se afirma sobre o sujeito. Na ordem direta, o predicado deve vir imediatamente após o sujeito e pode ser simples ou complexo, dependendo do verbo que lhe serve de núcleo.

> *Grosso modo*, quando uma sentença contém apenas uma oração, ou seja, uma ação (ou verbo, mais precisamente), é chamada de *período simples*; quando contém mais de uma ação, é classificada como *período composto*, que se forma por processos de coordenação e subordinação. No primeiro processo, as orações são independentes e têm sentido completo, ainda que isoladas. No segundo, as orações, para darem sentido ao enunciado, mantêm uma relação semântica, havendo uma oração principal, a qual é complementada por uma ou mais orações subordinadas.

Outro conceito importante é o de transitividade do verbo. Quando tem em si sentido completo, dispensando "esclarecimentos", o verbo é intransitivo, como em "A aeronave caiu". Porém, quando precisa de complementos para enunciar um sentido completo, o verbo é transitivo direto ou indireto, sendo necessária a inclusão de objetos diretos (que não exigem preposição) ou indiretos (introduzidos por preposição), respectivamente. Independentemente disso, em alguns casos, a fim de esclarecer informações que possam causar dúvidas, como quando o verbo, em suas diferentes acepções, pode ser intransitivo ou transitivo, é interessante adicionar informações complementares. Um exemplo seria "Os homens bebem pouco". Nesse caso, o verbo "beber", em um de seus significados, é intransitivo, e equivale a "ingerir bebida alcoólica ou embriagar-se com frequência" (Houaiss; Villar, 2009); no entanto, quando é transitivo direto, refere-se ao ato de ingerir qualquer líquido. Logo, isoladamente, esse enunciado pode gerar dúvidas: Qual é o líquido? Água, cerveja, cachaça, refrigerante, suco? Daí a necessidade, em casos específicos, de se eliminarem possíveis lacunas ou ambiguidades.

Qualquer mudança nessa estrutura direta determina a ordem inversa da oração. A ordem direta é muito mais eficiente para deixar a informação clara e de fácil assimilação por parte do telespectador, por isso deve ser sempre a primeira opção nos textos de televisão. Além disso, a ordem direta facilita a concordância verbal, considerada uma das maiores dificuldades da língua portuguesa. E já que o sujeito e o predicado são os termos essenciais da oração, é bom evidenciá-los.

Outra sugestão é **evitar sujeito e verbo ocultos**, pois eles podem dar sentido ambíguo à mensagem jornalística. Ao ouvir a frase "Disse que revelasse todo o esquema de corrupção", o telespectador poderia questionar: Quem disse? Quem deveria revelar? Por isso, é melhor usar: "O juiz federal disse para o empreiteiro revelar todo o esquema de corrupção".

Além das características já apontadas, existem outras duas fundamentais: a precisão e a concisão. A **precisão** trata do uso de palavras exatas, adequadas ao que se pretende informar e sem duplo sentido. A **concisão** refere-se ao uso de frases com o máximo de informação e o mínimo de palavras. O emprego de adjetivos deve ser evitado, exceto quando eles realmente complementam a informação.

É aconselhável **evitar o uso de palavras estrangeiras**, mas quando essas forem indispensáveis, é essencial saber a pronúncia correta delas. Termos e expressões dominados apenas por especialistas precisam ser explicados ("traduzidos") quando utilizados na reportagem de TV.

As **siglas devem ser desdobradas**, exceto aquelas mais conhecidas, como de algumas instituições oficias (SUS, Petrobras, UFMG, ONU, entre outras). É importante o cuidado com a pronúncia de algumas siglas de sonoridade semelhante, como a dos partidos políticos PT e PP. Em casos assim, é melhor indicá-los por extenso para não causar dúvidas ao telespectador.

Recomenda-se aos redatores **escrever os números por extenso**, pois isso facilita a concordância e a leitura do locutor. Podem ser também arredondados, exceto quando a exatidão do número é parte da notícia. As cifras em moedas estrangeiras devem ser convertidas na moeda nacional ou pelo menos relacionadas com a moeda brasileira (o real).

É bom lembrar, também, que os termos *hoje, ontem, amanhã* podem ser vagos. Por isso, é preferível **usar a forma coloquial em reportagens**. Em vez de escrever "A reunião está marcada para hoje", é mais apropriado indicar: "A reunião está marcada para as cinco horas da tarde" (e não dezessete horas).

Numa entrevista, é importante **se referir ao entrevistado utilizando os pronomes de tratamento "senhor" ou "senhora"**. Quando o nome vem precedido por um título (senador, ministro, deputado, desembargador, por exemplo) não é preciso usar outro tratamento. O pronome adequado no tratamento de presidentes e outras grandes autoridades é "Sua excelência"; para reis e rainhas, "Sua majestade"; para príncipes e princesas, "Sua Alteza"; e, para o papa, "Sua Santidade".

Quando são mencionadas cidades pequenas e pouco conhecidas, é aconselhado **relacioná-las com municípios maiores ou capitais** (como "em Pureza, no Estado do Rio"; "Manila, capital das Filipinas"). Por último, é importante lembrar que um texto redondo, enxuto, é aquele que trata as informações com objetividade e coerência e é estruturado com começo, meio e fim.

4.4
Adequação na hora de escrever

No corre-corre da rotina televisiva, o cumprimento de pautas tem tempo cronometrado. É comum que alguns deslizes aconteçam. Provavelmente, um dos mais recorrentes relaciona-se ao uso preciso da gramática e de sua adequação no texto coloquial. Por isso, é fundamental para o bom jornalista de televisão estar atento constantemente às regras gramaticais. E isso começa com a atenção às concordâncias nominal e verbal.

Segundo Bechara (2015, p. 554), "em português, a concordância consiste em se adaptar a palavra determinante ao gênero, número e pessoa da palavra determinada".

O autor explica que a **concordância nominal** trata de gênero e número entre o adjetivo e o pronome (adjetivo), o artigo, o numeral ou o particípio (palavras determinantes) e o substantivo ou pronome (palavras determinadas) a que se referem, como no trecho apresentado pelo autor: "Os bons exemplos dos pais são as melhores lições e a melhor herança para os filhos" (Bechara, 2015, p. 255, grifo nosso[2]).

---

2   Estão grafadas as palavras determinantes.

A concordância pode se dar de duas formas: (1) de palavra para palavra ou (2) de palavra para sentido. A concordância de palavra para palavra pode se apresentar de três formas:

a) quando há uma só palavra determinada: Exemplo: "Eu amo a noite solitária e muda"; [...] b) quando há mais de uma palavra determinada. Exemplo: "A língua e (a) literatura portuguesas" ou "A língua e (a) literatura portuguesa"; [...] e c) quando há só uma palavra determinada e mais de uma determinante. Exemplo: As séries quarta e quinta ou A quarta e quinta série (ou séries) (Bechara, 2015, p. 255-257, grifo nosso[3]).

Na concordância nominal, nem sempre a palavra determinante concorda em gênero e número com a palavra determinada. Dizemos: "o (vinho) champanha"; "o (rio) Amazonas", apenas dando sentido em que a palavra se aplica.

Como nossa proposta, neste livro, não é promover uma discussão extensa sobre as normas gramaticais, mas apenas chamar a atenção para alguns aspectos das regras necessárias para a construção mais adequada do texto para televisão, não discorreremos sobre outros casos de concordância nominal. Contudo, podemos registrar as respostas para algumas dúvidas frequentes no Quadro 4.1.

3 Estão grafadas as palavras determinantes.

Quadro 4.1 – Dúvidas sobre concordância nominal

Adequado	Inadequado
anexo(a)	em anexo(a)
meio-dia e meia	meio-dia e meio
nem um nem outro merece	nem um nem outro merecem
menos confiança	menas confiança
lideranças luso-brasileiras	lideranças luso-brasileira

A **concordância verbal** nada mais é do que a correta flexão do verbo, em número e pessoa, em relação ao sujeito da oração. Apesar da simplicidade da definição, os erros não param de acontecer em todas as redações, até mesmo com alguns jornalistas mais experientes.

Leia com cuidado a frase a seguir: "A vida tem uma só entrada: a saída é por cem portas". Você percebe algum erro de português nessa frase? Façamos uma análise.

Também a concordância verbal pode se dar por meio da relação palavra para palavra e palavra para sentido, além de outros casos, como aqueles em que o sujeito é constituído por pronomes pessoais (eu, nós, eles...).

A relação palavra para palavra pode ocorrer quando há um só sujeito ou quando há mais de um sujeito. Se o sujeito é simples (com apenas um núcleo) e singular, o verbo irá para o singular, ainda que seja um coletivo. Observe o exemplo: "Povo sem lealdade não alcança estabilidade". Se o sujeito da oração é composto (formado por dois núcleos ou mais), o verbo irá normalmente para o plural, independentemente de sua posição em relação ao verbo. Por exemplo: "Os ódios civis, as ambições, a ousadia dos bandos e a corrupção dos costumes haviam feito incríveis progressos".

Ainda vale a pena ficar atento para as seguintes dicas (Lopes, 2008, grifo nosso):

a. Pode dar-se a concordância com o núcleo mais próximo, se o sujeito vem depois do verbo. Exemplo: "O romeiro é livre como a ave do céu: <u>respeitam-no</u> o besteiro e o homem d'armas; dá-lhe abrigo o vilão sobre o seu colmo..."[4].

b. Quando o núcleo é singular e seguido de dois ou mais adjuntos, pode ocorrer o verbo no plural, como se tratasse na realidade de sujeito composto. Ex.: "ainda quando *a* autoridade paterna e materna <u>fossem</u> delegadas". Contudo, a concordância do verbo no singular é a mais corrente na língua padrão moderna.

c. Nas obras com mais de um autor adota-se modernamente o hábito alemão de se indicar a autoria com os nomes separados por hífen, caso em que o verbo da oração vai

---

4   Um exemplo correto para a situação descrita na alínea "a" seria, em verdade, "O romeiro é livre como a ave do céu: respeita-o o besteiro e o homem d'armas".

ao plural ou ao singular (levando-se, neste caso, apenas em conta a obra em si). Exemplo: "Meillet-Ernout dizem (ou diz) – no seu *Dictionnaire Étymologique* – que a origem é duvidosa".

d. Pode ocorrer o verbo no singular ainda nos casos seguintes:
- Se a sucessão dos substantivos indicar gradação de um mesmo fato. Exemplo: "A censura, a autoridade, o poder público, inexorável, frio, grave, calculado lá estava".
- Se se tratar de substantivos sinônimos ou assim considerados. Exemplo: "O ódio e a guerra que declaramos aos outros nos gasta e consome a nós mesmos".
- Se o segundo substantivo exprimir o resultado ou a consequência do primeiro. Exemplo: "A doença e a morte de Filipe II [...] foi como a imagem [...]".
- Se os substantivos formam juntos uma noção única. Exemplo: "O fluxo e refluxo das ondas nos encanta".

e. Quando o verbo se põe entre os núcleos do sujeito, como acontece às vezes em poesia e no estilo solene, a concordância pode ser feita com o núcleo mais próximo ou gramaticalmente com a totalidade do sujeito[5].

---

5   Sublinhamos os verbos flexionados em cada exemplo.

A concordância verbal de palavra para sentido ocorre quando o sujeito simples é constituído de nome ou pronome no singular que se aplica a uma coleção ou grupo. Nesse caso, o verbo irá ao singular. Exemplo: O povo <u>trabalha</u>. A gente <u>vai</u>.

Segundo Leal (2017), é possível variar a concordância verbal de palavra para sentido "se houver distância suficiente entre o sujeito e o verbo e se [se] quiser acentuar a ideia de plural do coletivo". O exemplo que ela utiliza é: "Começou então o <u>povo</u> a alborotar-se, e pegando do desgraçado cético o <u>arrastaram</u> até o meio do rossio e ali o <u>assassinaram</u>, e <u>queimaram</u>, com incrível presteza".

Pelos mesmos argumentos apresentados no caso da concordância nominal, não nos estenderemos na apresentação das regras gramaticais da concordância verbal. Mas como fizemos anteriormente, deixamos aqui um quadro com as principais ocorrências de adequação e inadequação acerca do tema (Quadro 4.2).

Quadro 4.2 – Dúvidas sobre concordância verbal

Adequado	Inadequado
"<u>Vínhamos</u> da missa ela, o pai e eu"	"<u>Vinha</u> da missa ela, o pai e eu"
"a quem a doença ou a idade <u>impossibilitou</u> de ganharem o sustento"	"a quem a doença ou a idade <u>impossibilitaram</u> de ganharem o sustento"

(continua)

(Quadro 4.1 – conclusão)

Adequado	Inadequado
"Um ou dois livros foram retirados da estante"	"Um ou dois livros foi retirado da estante"
Havia onze mil pessoas no Ginásio (haver no sentido de existir)	Haviam onze mil pessoas no Ginásio (haver no sentido de existir)
Há oito anos que ela não vinha aqui (haver no sentido de tempo passado)	Haviam oito anos que ele não vinha aqui (haver no sentido de tempo passado)

Por fim, organizamos mais algumas dicas no intuito de sanar dúvidas frequentes sobre concordância e regência verbal:

- Os **nomes próprios** levam o verbo para o plural quando precedidos de artigo no plural. Exemplo: "Os Estados Unidos lançam novo ataque ao Iraque". Se não estiver precedido de artigo, o verbo ficará no singular. Exemplo: "Estados Unidos lança novo ataque ao Iraque".
- O verbo **chegar**, quando indica movimento, rege a preposição *a* (e não *em*). Exemplo: "O governador chegou a sua terra-natal".
- O verbo **ultrapassar** pede objeto direto e, portanto, é usado sem preposição. Exemplo: "O rombo na Previdência já ultrapassou US$ 12 bilhões".
- Usa-se o pronome pessoal reto **eu** (em vez de "mim") quando o verbo em seguida estiver no infinitivo e quando esse

pronome exerce função de sujeito[6]. Exemplo: "Esse estudo é para eu desenvolver".

- Depois de preposição, usa-se o pronome pessoal oblíquo (**mim**). Exemplo: "Não há mais nada entre mim e ela. O que existe agora é entre mim e você".
- **Todo**, quando não está seguido de artigo, significa cada. Exemplo: "Todo homem tem pensamentos que podem ser ruins". Quando está seguido de artigo, significa inteiro. Exemplo: "Li todo o livro e gostei".

Síntese

Imagem e texto são elementos que devem estar articulados na televisão. As palavras são os complementos das imagens, e não a descrição daquilo que se mostra no vídeo. O texto para TV deve ser coloquial, sem palavras difíceis ou rebuscadas, mas, ainda assim, é preciso ter muita atenção às regras gramaticais e à adequação da linguagem. É recomendável usar frases curtas e atentar para as concordâncias nominal e verbal. Duas dicas importantes são, antes de começar a escrever, analisar as imagens disponíveis para a matéria. E não se esquecer de ler o texto em voz alta.

---

6   Quando o pronome oblíquo tônico "mim" exerce função de adjunto ao preceder o infinitivo, a construção é correta, como em "É muito difícil para mim ver essa situação". No exemplo, "ver essa situação" é o sujeito da oração.

Questões para revisão

1. A respeito da frase: "O povo sem atenção às ações dos políticos não alcança a tão sonhada estabilidade", podemos afirmar que a sentença:
    a) está adequada, mas o verbo poderia estar tanto no singular quanto no plural.
    b) está inadequada, porque o verbo deveria estar no plural.
    c) está adequada e o verbo só pode estar no singular.
    d) está inadequada, porque o sujeito está no plural e o verbo no singular.

2. Assinale A para as sentenças adequadas e I para as inadequadas de acordo com a concordância nominal ou a concordância e a regência verbal empregadas:
    ( ) O presidente chegou em Brasília no final da tarde.
    ( ) O advogado de defesa apelou da sentença.
    ( ) Trezentos mil dólares é mais do que o dobro do que eu preciso.
    ( ) Oitenta por cento das estradas foi destruído pelo último temporal.
    ( ) Havia doze mil pessoas no ginásio.

Agora, assinale a alternativa que contém a sequência correta:

a) I, A, A, I A.
b) A, I, A, I, I.
c) I, I, A, A, I.
d) A, A, I, A, I.

3. Assinale a alternativa que completa as frases corretamente, considerando a formação de um texto coloquial:

> _____ começou a chover forte. Por isso, a reunião _____ teve que ser adiada mais uma vez, pois são necessários _____ para cumprir o quórum exigido pela convenção.

a) Hoje no começo da tarde; que estava programada para 14 horas; cerca de 100 funcionários.
b) Hoje pela tarde; que estava agendada para depois do almoço; quase 100 funcionários.
c) Hoje no começo da manhã; que havia sido marcada para duas da tarde; mais ou menos 100 funcionários.
d) Hoje no final da manhã; que estava marcada para duas da tarde; 105 funcionários.

4. Escreva um pequeno texto utilizando, obrigatoriamente, as seguintes palavras:

segunda	católico	Brasil	setembro
Sua	viagem	Santidade	Natal

5. Por que, em uma reportagem para o *Jornal Nacional*, da *Rede Globo*, por exemplo, deve-se dizer "Pureza, no Estado do Rio de Janeiro, a 150 quilômetros da capital", e não simplesmente "Pureza"?

Capítulo
05

Fala e imagem na TV

Conteúdos do capítulo:

- A voz na TV.
- Exercícios de ortofonia, respiração e dicção.
- Tipos e funções dos microfones.
- A imagem na televisão.
- Luz, planos e movimentos.
- Dicas para fala e para imagem na TV.

No capítulo anterior, comentamos a produção de um texto coloquial e em conformidade com as normas gramaticais da língua portuguesa. A partir deste ponto, discorreremos sobre a utilização da voz na televisão, elemento tão importante quanto o texto, pois é por meio dela que as palavras ganham vida. Também abordaremos outro ponto importante para a aparição no vídeo: a imagem. Não nos referimos à beleza, mas aos aspectos necessários para que se tenha uma boa imagem na tela. Frisamos que, para ser um telejornalista, não é necessário ser modelo fotográfico, mas é preciso, ao menos, ter uma aparência adaptada ao que pede a câmera.

    Neste capítulo, listaremos exercícios que melhoram o jeito de falar, com instruções práticas para ortofonia, respiração e dicção. Citaremos, ainda, diferentes tipos de microfones, que têm funções específicas na captação e na propagação dos sons. Por fim, explicaremos a importância da iluminação para a imagem e os enquadramentos mais utilizados na televisão, que contribuem para o entendimento das notícias levadas ao ar todos os dias pelas diversas emissoras de TV.

5.1
Voz, um instrumento essencial para TV

Para quem quer trabalhar com televisão, a voz é um instrumento profissional fundamental. Por isso, o jornalista em formação precisa analisar que tipo de voz é a sua. No canto, as vozes femininas são classificadas em três tipos: contralto, a mais grave; mezzo-soprano, intermediária entre o grave e o agudo; e soprano, a mais aguda. Nos homens, os tipos de vozes também se dividem em três: tenor, a voz mais alta; barítono, a voz média; e baixo, a voz mais grave.

E por que alguns cantores, quando falam, não revelam a voz que têm quando cantam?

Bem, a explicação está no mecanismo para gerar a voz e que pode ser subdividido em três partes, conforme registrado por Cordas e Vocal (2017):

1. Pulmões – Responsáveis pelo fluxo de ar (combustível indispensável para a voz).
2. Pregas vocais dentro da laringe – Vibram, transformando o ar em pulsos sonoros.
3. Articuladores – Lábios, dentes, língua, palato duro, mandíbula e véu palatal.

Além disso, outras informações anatômicas são relevantes:

Os músculos da laringe corrigem a duração e a tensão das cordas vocais para adequar a altura e o tom. Os articuladores articulam e filtram o som originado pela laringe [...].

As cordas vocais, juntamente com os articuladores, são capazes de produzir sons altamente intrincados. O tom da voz pode ser incrivelmente modificado para sugerir emoções como raiva, felicidade e surpresa. [...]

A voz humana é produzida quando o ar respiratório (vindo dos pulmões) passa através das cordas vocais, e por nosso comando neural, por meio de movimentos musculares, faz pressões de diferentes intensidades na região logo abaixo das cordas vocais, fazendo-as vibrarem. (Cordas e vocal, 2017)

Não é raro ouvirmos homens adultos e fortes com uma voz fina. Segundo os especialistas, essa voz pode ter origem ainda na adolescência. Uma das explicações está no fato de que alguns meninos crescem muito rápido e engrossam a voz muito cedo. Como a voz fica diferente das dos outros meninos, eles tentam evitar as brincadeiras e chacotas (*bullying*) usando uma voz de falsete. Isso ajuda a disfarçar o tom grave da voz, mas causa danos às cordas vocais.

Os especialistas garantem que as pregas vocais mudam em um prazo de seis meses a um ano; por isso, basta que o adolescente fale normalmente. Caso isso não aconteça, é indicado procurar ajuda de um fonoaudiólogo ou de um laringologista, que poderão indicar tratamentos, uma vez que também a alteração da voz pode ser causada por má-formação da laringe, muco no trato vocal e até mesmo problemas hormonais. Se o problema for funcional, alguns exercícios que abaixam o pomo de adão e a laringe podem ajudar na emissão de sons graves. Outra alternativa é o tratamento cirúrgico (tireoplastia)[1], indicado para correção de alguns problemas na voz.

Também existem modificações na voz motivadas por diferentes emoções. Por isso, uma mudança no tom de voz pode sugerir raiva, felicidade, surpresa, tristeza, medo etc. Vozes muito finas, dizem os especialistas, passam a impressão de infantilidade. Vozes muito roucas, especialmente nas mulheres, transmitem sensualidade. Para o canto, essas diferenças podem ser bastante úteis, mas para a televisão representam um problema que deve ser corrigido.

Segundo os especialistas, cerca de 80% dos problemas com a voz ou com o sotaque muito acentuado são de natureza funcional, e não orgânica. Nesses casos, os fonoaudiólogos geralmente

- - - - -

1   A tireoplastia é um tipo de cirurgia externa, em que a estrutura da cartilagem tireoidea é modificada com o objetivo de melhorar a voz. É feita por meio de uma pequena incisão no pescoço para acessar a cartilagem e as pregas vocais.

receitam exercícios diários, os quais, em alguns casos, podem surtir efeito em um período relativamente curto (cerca de três meses).

Aqueles profissionais que não têm nenhum problema a ser corrigido em sua voz devem lembrar que a manutenção de uma voz bonita e saudável depende de alguns cuidados diários, tais como:

- aquecer a voz antes de utilizá-la na televisão, seja para gravar um texto, seja para apresentar um telejornal;
- respeitar a pontuação no texto, sem perder o ritmo;
- evitar ambientes com ar-condicionado, café em excesso, cigarro, leite e seus derivados e chocolate, pois estes são verdadeiros inimigos da voz[2];
- para manter a voz sempre limpa e saudável, tomar bastante água, comer maçã, ingerir sucos cítricos e líquidos quentes, como chás;
- dormir bem, priorizar uma boa noite de sono e manter as emoções equilibradas.

---

2   O chocolate, por exemplo, aumenta a viscosidade da saliva e isso provoca alterações na ressonância do som. O leite aumenta o muco do aparelho respiratório e deve ser evitado pelo menos duas horas antes do uso da voz.

5.2
Como melhorar o jeito de falar

Ter uma ótima voz não é o suficiente para garantir um bom desempenho diante das câmeras de TV. A dicção – forma como as pessoas articulam e pronunciam as palavras de uma língua – também é fundamental para esse sucesso. Uma boa dicção resulta em uma pronúncia clara e uma entonação correta das palavras. Além disso, respiração, pronúncia e dicção corretas evitam alguns problemas desagradáveis para quem trabalha na televisão, como aquelas gotículas de saliva nos microfones que serão utilizados por outras pessoas.

Nossa intenção não é promover aqui um estudo de fonoaudiologia que prescreva um possível tratamento para certos problemas de dicção. Nosso objetivo é apenas indicar alguns exercícios que ajudam a melhorar a pronúncia. Em casos mais complicados ou para os quais os exercícios não sejam suficientes para resolver as falhas de dicção, o melhor é procurar um especialista, certamente ele saberá o tratamento mais indicado.

Uma maneira divertida e eficiente para treinar a dicção é o trava-língua, "espécie de brincadeira verbal que consiste em dizer, com clareza e rapidez, versos ou frases com grande incidência de sílabas difíceis de pronunciar, ou de sílabas formadas com os mesmos sons, mas em ordem diferente" (Houaiss; Villar, 2009). Você com certeza já ouviu alguma frase como "o rato roeu a roupa do rei de Roma" ou "três pratos de trigo para três tigres tristes".

O trava-língua também pode ser entendido como um jogo de palavras e é oriundo da cultura popular, das chamadas parlendas (rimas infantis). O trava-língua tem esse nome pela dificuldade que as pessoas enfrentam ao tentar pronunciar as frases sem tropeços, o que acaba "travando a língua".

Que tal brincar um pouco? Você pode se exercitar sozinho, em dupla, trio ou em pequenos grupos. De pé, procure ficar em uma posição confortável e relaxe o corpo e sua face antes de começar. Para relaxar os 18 músculos da face, indicamos um exercício simples, proposto por Garcia (2017): "inicie com um sorriso, depois um riso e por último dê uma deliciosa gargalhada".

Faça isso algumas vezes e, quando sentir que sua face está relaxada, inicie o jogo de trava-língua. Para melhor aproveitamento, dividiremos os exercícios de acordo com três objetivos: melhoria da ortofonia (articulação perfeita dos sons para corrigir vícios da pronúncia), melhoria da respiração e melhoria da dicção. O ideal é que você repita esses exercícios diariamente, até perceber que sua língua está completamente destravada para qualquer desafio textual (CEI, 2017).

Exercícios de ortofonia

Repita rapidamente as frases a seguir. Cada frase deverá ser lida no mínimo três vezes antes de passar para a leitura da seguinte. Repita a leitura das frases várias vezes, mesmo após a sua pronúncia estar perfeita.

1. O peito do pé de Pedro é preto. Quem disser que o peito do pé de Pedro é preto, tem o peito do pé mais preto do que o peito do pé de Pedro.
2. A câmara capta o gato que correu contra a correnteza, quebrando a cabeça.
3. Larga a tia, largatixa! Lagartixa, larga a tia! Só no dia que sua tia chamar lagartixa de lagartinha!
4. O capenga cangaceiro capengava na capoeira do cangaço.
5. Dagoberto doutor descreve dezenas de doutrinas e dogmas, adotando o doutoramento dele editado.
6. O dente dele dói e dá doença.
7. Em Belém, a enchente estende-se e ninguém a detém.
8. A vida é uma sucessiva sucessão de sucessões que se sucedem sucessivamente, sem suceder o sucesso.
9. Em Erechim, enderecem este bilhete a Henrique, que tem de exercer a eleição.

10. Filomena Felícia Fausta Fonseca, famosa flor farmacêutica, fez formidáveis fórmulas, fabricou formosos fortificantes e famosos fertilizantes, fazendo felizes frenéticos fregueses.
11. Guias guiaram o guitarrista, guizelando guizos à guiza do guião.
12. A grade da gruta grande de Creta estava crivada de crisântemos crespos.
13. Gêneros gelados na geladeira geralmente geram geleia.
14. Se o bispo de Constantinopla a quisesse desconstantinoplatanilizar, não haveria desconstantinoplatanilizador que a desconstantinoplatanilizaria desconstantinoplatanilizadoramente.

Exercícios de respiração

Perder o fôlego no meio de uma frase pode ser um desastre para quem trabalha em televisão. Por isso, é importante aprender a respirar direito e controlar a respiração, seguindo esses três exercícios simples.

1. Expire, contando em voz alta de um até 60: 1, 2, 3, 4, 5, ... 60.

2. Inspire e expire várias vezes e, lentamente, a cada expiração, pronuncie as letras: P B T D G Q (consoantes oclusivas, as quais consomem mais ar na pronúncia).
3. Inspire profundamente e expire recitando um verso de doze sílabas (alexandrinos). Exemplo: "O sol da perfeição é que ilumina os gênios". Em seguida, tente repetir o mesmo verso três vezes em uma mesma expiração.

Exercícios de dicção

A dicção é a pronúncia do som das palavras, das sílabas e das letras na fala. Melhorar a dicção requer vontade, disciplina e exercícios. Trata-se de um hábito que só é adquirido com preparo e repetições. Aqui, dividiremos os exercícios de dicção em quatro etapas.

1. Vogais

I – Rififi de piriquiribi viril chincrin e tiguimirim, inimissíssimos de pirlimpimpim. Imbiri incio, pirim, quis distinguir piquiritis de chibis miris, timbris de dissímil piriquiti.

U – O grugru dos murututus, mutuns, tuputus, jutus, juburus e urutumuns. O lusco-fusco do morundu do sul púrpuro de luz. O zumzum do fundo do mundo é imundo.

2. Ditongos, tritongos e hiatos

   Ler soletrando cada vogal, antes de juntá-las em palavras.

   AI – A gaita do pai de Adelaide está embaixo da caixa.

   UI – Fui colher flores ruivas e azuis nos pauis.

   AIO – O lacaio do cavalo baio leva o balaio de paio.

   OIA – Ariboia via a jiboia que boiava na pitimboia.

3. Consoantes

   F – Farofa feita com muita farinha fofa faz uma fofoca feia.

   L – Se a liga me ligasse, eu ligava a liga, mas como a liga não me liga, eu não ligo a liga.

   M – O mameluco melancólico meditava e a megera megalocéfala, macabra e maquiavélica mastigava mostarda na maloca miasmática. Migalhas minguadas de moagem mitigavam míseras meninas.

   R – O rato, a ratazana, o ratinho roeram as rútilas roupas e rasgaram as ricas rendas da rainha dona urraca de rombarral.

   S – Casa suja, chão sujo.

   Q – O que é que Cacá quer? Cacá quer caqui. Qual caqui que Cacá quer? Cacá quer qualquer caqui.

> 4. Encontros consonantais
> - **CR** – O acróstico cravado na cruz de crisólitas da criança ariana criada na creche é o credo católico.
> - **PR** – Um prato de trigo para um tigre, dois pratos de trigo para dois tigres, três pratos de trigo para três tigres ... dez pratos de trigo para dez tigres.

Quanto à **pronúncia**, é bom lembrar que os sotaques regionais devem ser respeitados e preservados; afinal, as diversas formas de se falar o português no Brasil é parte de nossa cultura. O sotaque, além de traduzir um jeito de falar de cada região do país, traz entonação e ritmo de frase diferentes. Mas, atenção: o sotaque não pode ser confundido com a pronúncia errada das palavras, como as listadas nas seis recomendações de Barbeiro e Lima (2002, p. 119-124):

1. Não pronuncie vogal entre duas consoantes. Exemplo: opção (nunca *opição*).
2. Cuidado para não transformar vogais em ditongos. Exemplo: três (nunca *treis*).
3. Destaque bem as sílabas para que não colocar em dúvida o significado das palavras. Exemplo: sábia, sabia, sabiá.

4. Com exceção de inveja (é), terminações verbais em *eja, elha* e *oura* exigem o som fechado. Exemplos: enseja (ê), nunca ens*é*ja (é) ou *enseija*; estoura (ô) e nunca *estóra*; semelha (ê) e nunca sem*é*lha.
5. Respeite as pausas, pois elas facilitam a respiração, o tom da voz e o ritmo da leitura.
6. Não fale com os pés voltados para dentro, pois isso torna a sua voz insegura.

Gostou dessas dicas? Então anote aí mais uma: evite a redundância, que é o uso de palavras ou expressões que têm significados semelhantes ou que querem dizer a mesma coisa. Por isso, cuide para não utilizar as famosas expressões *subir para cima, descer para baixo, sair para fora*. Fique atento também para não utilizar *acrescentar mais um dado, adiar para depois, anexar junto, avançar para frente, completamente impedido, conviver junto, empréstimo temporário, duas metades iguais, fato real, há anos atrás, inteiro dispor, manter o mesmo, novidade inédita, pavoroso desastre, prefeitura municipal, previsão para o futuro, sol escaldante, surpresas inesperadas* e *voltar atrás*.

5.3
Tipos e funções dos microfones

Agora que tratamos do uso correto da voz, é bom comentarmos como funciona o aparelho que capta não só as palavras do jornalista, mas todo som levado ao ar pela televisão: o microfone. Esse aparelho converte ondas sonoras em impulsos elétricos. Ele é tão delicado quanto os ouvidos humanos, e está para o sistema auditivo como as lentes das câmeras estão para o nosso sistema ocular.

Diferentemente dos olhos, que veem tudo ao mesmo tempo, os ouvidos têm a denominada *seletividade variável*, ou *escuta inteligente*, que significa, por princípio, a capacidade de escolha das informações sonoras que nos interessam.

É graças a essa capacidade que o ser humano consegue conversar em lugares barulhentos e separar os sons que ele deseja ouvir. Os microfones não são tão fantásticos quanto os órgãos da audição, mas – no caso da televisão – tentam captar as informações sonoras de acordo com o objetivo de cada produção. No telejornalismo, apesar das limitações técnicas na captação da "plasticidade sonora", é com eles que os jornalistas trabalham.

Segundo Ruge (citado por Squirra, 1990, p. 151):

> Os microfones têm sensibilidades e características de recepção muito distintas. São de dois tipos: os microfones dinâmicos

(pouco sensíveis, porém fortes e de boa qualidade sonora) e os microfones eletroestáticos ou de condensador (que são sensíveis, de excelente qualidade, porém de pouca resistência aos ruídos).

Os microfones podem ser classificados, de acordo com suas características, em três tipos: (1) omnidirecionais, (2) bidirecionais e (3) direcionais. Cada um tem uma característica direcional particular, que é definida pela direção preferencial na atuação do aparelho. Por isso, a posição da fonte sonora é fundamental para a performance do microfone e da qualidade do som gravado. Eis algumas particularidades de cada tipo:

- **Microfones omnidirecionais** – Cobrem um vasto campo, podendo captar ondas sonoras em um ângulo de 360°. Esse tipo de microfone não deve ser utilizado para entrevistas em televisão. Isso porque, com as falas do repórter e do entrevistado, eles captam os sons existentes no ambiente da gravação. Sensíveis, esses equipamentos devem ser usados próximos da fonte sonora e provocam frequentemente ecos em ambientes fechados. Os omnidirecionais são indicados para gravação de festas, jogos, *shows* e apresentação de orquestras.

- **Microfones bidirecionais** – Também chamados de *figura 8*, por suas características de captação sonoras provenientes de direções opostas, são empregados quase exclusivamente em estúdios. Eles captam sons de frente e de trás e de um lado e do outro do aparelho. São muito sensíveis ao vento e a sons muito fortes.

- **Microfones direcionais** – Caracterizam-se por captar sons que chegam de uma única direção, diminuindo a captação de sons vindos de outras direções, sobretudo da parte de trás do aparelho. Os microfones direcionais são subdivididos em quatro tipos:
    1. Cardioides – Aqueles cujo campo de captação tem formato de coração. São mais indicados para prática de reportagem externa e são sensíveis ao som frontal, mas captam algum som vindo da parte de trás do aparelho também.
    2. Supercardioides – Têm características muito semelhantes aos cardioides, porém são mais sensíveis ao som frontal e também às informações sonoras vindas da parte de trás do aparelho.
    3. Hipercadioides ou ultra tradicionais – São extremamente sensíveis aos sons frontais, com pouca sensibilidade aos sons da parte de trás do aparelho. Contudo, dependendo da proximidade com a fonte de som, esse tipo de microfone pode apresentar um rendimento maior ao som de trás, abafando o som frontal. Esse tipo de microfone é usado em tomadas de longa distância, geralmente em

reportagens externas, quando não é possível a aproximação do técnico de som em relação à fonte sonora.
4. Os microfones de lapela – São usados em reportagens, entrevistas e apresentações de telejornais. São instalados nas lapelas das roupas e podem captar sons vindo de todos os lados – por isso ficam mais próximos da boca, para priorizar a voz de quem o utiliza.

Como apontamos anteriormente, o microfone é um aparelho delicado e, por isso, é preciso ter muito cuidado ao usá-lo e transportá-lo. Quem o utiliza não deve, em nenhuma circunstância, assoprar para se certificar que o microfone está funcionando. Isso pode romper a membrana vibratória interna do aparelho e estragá-lo. Também é preciso evitar quedas e pancadas, pelos mesmos motivos. Lugares muito úmidos, da mesma forma, podem romper o diafragma do equipamento. O microfone deve ser posicionado a 20 cm da boca (cerca de um palmo). Para as entrevistas realizadas em lugares muito abertos e com muito vento, é recomendável a utilização de um protetor de espuma na parte sensível do microfone. Por último, não se deve apertar demais o aparelho, pois a força excessiva provoca cansaço muscular dos braços, obrigando o repórter a procurar uma posição mais confortável, o que produzirá ruído.

5.4
A imagem adequada para a televisão

Televisão é, essencialmente, imagem; por isso, repórteres e apresentadores precisam saber qual imagem querem transmitir para o público. Isso envolve, obviamente, as roupas que usam, o corte e a aparência dos cabelos, a maquiagem e os acessórios, os dentes e a postura corporal. Não que jornalistas sejam modelos, mas, nessa profissão, são exigidos aspectos imagéticos que transmitam saúde, rigor, seriedade, credibilidade e competência.

Para Frange (2012), "nos dias atuais, o como se vestir é muito mais importante do que o que vestir". Para ela, o papel do estilista (*stylist*) é criar um conceito (o *styling*), ou seja, uma linguagem a ser entendida pela sociedade. "Esse conceito é uma amarração de elementos que vão criar a imagem de moda", explica a autora (Frange, 2012, p. 21).

Na televisão, o profissional que trabalha com o *styling* é chamado de *figurinista*. Porém, segundo a autora, a diferença é muito tênue entre o *stylist*, profissional responsável pela criação e pela organização de uma imagem de moda, e o figurinista, profissional responsável por toda a indumentária dentro da televisão. "Na verdade, o figurinista atua como stylist, e vice-versa..." (Frange, 2012, p. 27).

De acordo com Frange (2012), "o figurinista ajuda a contar uma história através dos trajes". Por isso, o âncora de um telejornal precisa transmitir seriedade, confiança e sua imagem não deve aparecer mais do que a notícia. Para tanto, os trajes dos apresentadores do telejornal devem ser formais, sóbrios e não podem chamar a atenção para nenhum detalhe. "Joias, penteados e cores devem ser discretos", acrescenta Frange (2012, p. 28).

A professora de moda Marcela Melo (2016) concorda com o princípio básico de que a roupa dos jornalistas que trabalham em televisão não deve chamar mais atenção do que a notícia. Segundo ela, que também já atuou como figurinista para telejornais, os cabelos ideais para as mulheres que trabalham com televisão são aqueles curtos ou médios, um pouco abaixo dos ombros. Cortes desestruturados ou muito repicados, podem parecer despenteados e, portanto, devem ser utilizados com cuidado, adverte Melo (2016). Cabelos tingidos de vermelho intenso, louro descolorado ou preto muito intenso não são apropriados para a TV. A discrição deve estar presente também na maquiagem, com cores suaves e sem brilhos.

Os homens também podem usar maquiagem para diminuir o brilho no rosto, causado pelo suor e pela iluminação intensa. Ao usar terno e gravata, antes de se sentar, os homens devem puxar a barra do paletó para evitar o que se conhece na área como *efeito Hulk* (ombros levantados). O paletó deve ser abotoado apenas nos primeiros dois botões de cima.

Melo (2016) ensina que quando o homem não é obrigado a usar terno e gravata no telejornal, "camisas sociais de diversas cores, camisas do tipo polo, calças de alfaiataria e, em alguns casos, até mesmo os jeans podem ser utilizados"; mas ressalta que o critério básico, de que a roupa não pode chamar mais atenção do que a notícia, continua valendo.

De maneira geral, Melo (2016) explica que as cores que cada jornalista utiliza na televisão devem ser analisadas caso a caso, levando em consideração tonalidade da pele, iluminação, cenário e outros aspectos técnicos. Segundo ela, para cada tipo de pele existem tonalidades de cores que favorecem e realçam não só a pele, mas os olhos e o cabelo da pessoa. De maneira geral, é bom evitar cores muito luminosas e intensas, como alguns tons de vermelho, branco, alguns tons de verde, amarelo e rosa-choque. O ideal é que, antes de gravar o programa, o figurino possa ser testado no vídeo.

Melo conta que, trabalhando como figurinista, já se deparou com casos em que a iluminação do estúdio interferiu na cor da roupa, causando efeitos no vídeo desfavoráveis ao apresentador do telejornal. Ela afirma, ainda, que já teve de lidar com cenários coloridos, que acabam restringindo a utilização das cores no figurino.

Alguns telejornais utilizam o *chroma key*, que é uma técnica que consiste na sobreposição de imagens, cujo efeito visual é obtido por meio da anulação de uma cor padrão, como o verde ou o azul. Portanto, a utilização dessas cores no figurino não é indicada, assim como padronagens com listra, xadrez, quadriculado, estampa miúda e óptica, tecido de trama espinha de peixe, *pied-de-poule* ("pé de galinha", em francês) e *pied-de-coq* ("pé de galo", em francês). Todos causam o que é conhecido como *batimento* na imagem, dando a impressão de que estão em movimento e deixando a imagem tremida – o chamado *efeito moiré* (Melo, 2016).

Perguntas & respostas

Qual é a importância do *dress code* na televisão?

Não se usa aquele *jeans* rasgado nem aquele modelo superconceitual para entrevistar um governador, ministro ou outra autoridade política. Vestir-se de maneira inadequada é o mesmo que causar estranheza no entrevistado, o que provoca distanciamento entre o repórter e sua fonte direta de informação. Da mesma forma, cabelo com cortes e cores exóticas também não são recomendados. Entretanto, há que se observar que o que seria considerado errado em Brasília pode não sê-lo no Rio de Janeiro. Isso porque os códigos de vestuário (*dress code*) geralmente são formados pela composição de três elementos: a editoria, a cultura da cidade onde se trabalha e o entrevistado. Pensando assim, usar *jeans* e tênis não é ruim para a editoria de esportes, no Rio de Janeiro, para entrevistar variados atletas, por exemplo. Porém o mesmo traje não é indicado para entrevistar um político em Brasília, ou mesmo no Rio de Janeiro.

No livro *Produção de moda*, a consultora Regina Martelli (citada por Joffily e Andrade, 2011) alerta para o perigo na utilização de tons cítricos ou luminosos, como rosa, amarelo e coral. Em tons vibrantes, essas cores podem "vazar" no vídeo, dando aquele efeito de borrão ou aura ao redor da cor. No caso das reportagens externas, a restrição é apenas para o uso do preto e do branco. De acordo com Martelli, essas cores geralmente não se destacam no vídeo.

Martelli (citada por Joffily e Andrade, 2011) também lembra que "o cabelo é como uma moldura para o rosto e, por isso, um bom corte é essencial". Segundo a autora, a repórter pode ter o corte de cabelo que quiser, mas se ela tiver os cabelos muito compridos, deverá jogá-los para trás, evitando que as madeixas fiquem nos ombros, escondendo a gola ou a roupa e, mais importante, o rosto. No caso de gravações externas, é permitido o uso discreto de gel. "Não se deve usar laços, prendedores e arcos no cabelo" (Martelli, citada por Joffily; Andrade, 2011, p. 47).

O telespectador estranha qualquer tipo de mudança no visual dos jornalistas. Por isso, o corte e o penteado devem ser mantidos sem alterações o maior tempo possível. "Manter uma imagem moderna e discreta, sem exageros, é o objetivo final do produtor de moda que trabalha no jornalismo televisivo" (Martelli, citada por Joffily e Andrade, 2011, p. 48).

Martelli aprova o uso de acessórios femininos em gravações no estúdio ou nas reportagens externas. Brincos, anéis e cordões estão liberados desde que sejam pequenos, discretos e de boa qualidade. Nada de colares enormes, lencinhos ou echarpes coloridas no pescoço. Segundo a consultora de moda, o uso das echarpes só é permitido em lugares de clima muito frio. As jornalistas de TV devem optar por modelos lisos, discretos, de boa qualidade e que não interfiram muito na imagem. O mesmo se aplica às gravatas para os homens. "Sempre evitar usar essas peças sem forro, para não ficarem com o nó murcho, caído" (Martelli citado por Joffily; Andrade, 2011, p. 48).

Segundo os especialistas, a roupa que veste bem o jornalisa é aquela que não fica nem apertada nem larga em seu corpo. Um traje elegante é sempre aquele que não está em desacordo com seu corpo, que não apresenta excessos e que o deixa à vontade, confortável e sentindo-se bem. O estilo é aquele que combina com a personalidade da pessoa, com seu tipo físico e seu jeito de ver a vida. No mais, o que resta ao comunicador é manter a postura e a confiança.

5.5
A importância da luz para a imagem

Antes de qualquer coisa, é importante entender que o ser humano só enxerga as coisas no mundo porque existe luz e, quanto maior a quantidade de luz existente num determinado lugar, maior é a quantidade de detalhes que se pode perceber. Isso acontece tanto com os olhos humanos quanto com os equipamentos de captação de imagens. Se a incidência de luz for baixa, a imagem na TV poderá resultar em cinza e os objetos perderão seu colorido. Não acredita? Então, experimente fechar as cortinas de sua sala e apagar a luz durante a noite. Observe as cores dos objetos com a luz acesa e depois com o ambiente escuro.

A iluminação artificial existe para garantir a visão da realidade nas situações em que não existe luz natural suficiente para captar as informações visuais, por meio tanto do olho humano como de equipamentos, em determinado ambiente. O objetivo da iluminação artificial é reproduzir as condições de luz natural. O resultado obtido com a iluminação é o reflexo da luz sobre os objetos, pessoas ou cenários até um nível que seja suficiente para identificá-los.

As luzes artificiais apresentam fontes luminosas com uma dominante de cor definida. "Uma lâmpada comum de casa, por exemplo, emite luz com dominante amarela[3]. A luz do céu tem

---

3   Atualmente a existem luzes domésticas frias que podem emitir luz branca.

dominante azul, a fogueira, vermelha e a luz fluorescente, verde" (Squirra, 1990, p. 144-145). Como não distingue essas dominantes, o olho humano percebe os objetos com todas as suas cores particulares. Entretanto, no caso dos equipamentos eletrônicos ou de fotografia, o resultado é diferente, pois o equipamento não consegue os efeitos da dominante cor. Por isso, os efeitos de imagem são distintos a depender do clima e da hora do dia. A dominante de cor da manhã é vermelha, e a do fim do dia é azul, por exemplo. Assim, se quiser um céu com aquele azul sem igual procure captar sua imagem durante o final da tarde.

Segundo Squirra (1990), cada fonte de luz tem sua própria temperatura de cor (medida por graus Kelvin). Isso influencia diretamente no ambiente e, claro, na imagem gravada. As cores muito escuras, como roxo, marrom, preto e azul-marinho, refletem pouca luz, o que prejudica a identificação de detalhes dos objetos. Portanto, essas cores não são indicadas para se usar na televisão.

As cores que refletem muita luz, como o branco puro ou o amarelo, também devem ser evitadas no vídeo. Para se ter uma ideia, uma camisa branca reflete 90% da luz que incide sobre ela. Na televisão, o rosto da pessoa que usar uma camisa dessa cor refletirá apenas 30% de luz. Resultado: a camisa ficará muito branca e o rosto da pessoa muito escuro.

Para Ruge (citado por Squirra, 1990), a descrição mais precisa de uma cor deve fazer uso de três características: (1) tonalidade,

(2) saturação e (3) luminosidade. A tonalidade é a qualidade pela qual se pode distinguir uma cor da outra. É o caso do azul e do amarelo, por exemplo. Como explica Ruge (citado por Squirra, 1990, p. 146), "a tonalidade não nos diz se a cor é clara, escura, forte ou fraca. O que nos dá esta resposta é a luminosidade (valor de luminância ou brilho). Já a saturação diz da pureza ou intensidade das cores". O vermelho puro ou o vermelho diluído com branco, por exemplo.

No telejornalismo, a luz natural deve ser utilizada sempre que possível, pois isso dá mais realidade à imagem e, claro, ajuda a diminuir o trabalho e os custos envolvidos na utilização de luzes artificiais. No caso sa iluminação artificial, geralmente necessária em estúdio, existem três tipos de luzes a serem utilizadas, as quais, combinadas, definem o conceito de iluminação denominado *três pontos*, geralmente usado em entrevistas:

1. **Luz principal** – Direcionada para o rosto da pessoa ou para o centro da ação em que acontece a entrevista. Tem a função de fornecer a maior iluminação para as pessoas e para o cenário. Na maioria das vezes, essa luz é posicionada de cima para baixo.
2. **Contraluz** – Funciona como iluminação auxiliar, intensificando a luminosidade dos contornos superiores de objetos e pessoas para destacá-los do restante do cenário. É projetada de trás da pessoa (lado oposto do enquadramento

da câmera), quase rente ao fundo do cenário e também de cima para baixo, iluminando os ombros e a nuca da pessoa, e pode ser utilizada com filtros azul ou vermelho que dão suavidade à imagem.

3. **Luz atenuante** – Usada para minimizar a intensidade da luz principal, que, por ser a mais intensa, costuma deixar áreas de escuridão e outras muito iluminadas. Deve ser usada sempre do lado contrário à posição da luz principal e geralmente é direcionada para o rosto da pessoa.

5.6
Enquadramento das imagens

As imagens em televisão não existem sozinhas. Elas estão sempre acompanhadas dos sons correspondentes à ação captada. Devemos salientar que a imagem em movimento nada mais é do que a sucessão de imagens estáticas que dão a ilusão do movimento dos objetos e pessoas.

As imagens são enquadramentos[4] de cenas captadas pelo cinegrafista e podem sempre revelar algo novo, desconhecido, surpreendente, instigante, enfim, podem despertar emoções. Por isso, a mudança de enquadramentos e cenários é uma

---

4   Enquadramento aqui é utilizado no sentido metacomunicacional, conforme proposto por Bateson (2002), no qual são estabelecidos os acordos interacionais entre os "sujeitos em comunicação" (França, 2006b).

preocupação constante de repórteres e cinegrafistas de TV. No entanto, não é por isso que os profissionais precisam inventar novos enquadramentos em cada reportagem. Basta usar a criatividade e o velho – e sempre útil – bom senso.

Apresentamos, então, os principais movimentos de câmera para enquadramentos de imagens na televisão, os quais podem ser divididos em dois grandes grupos:

1. **Movimentos mecânicos** – Trabalham com o deslocamento da câmera. Devemos destacar a panorâmica e o *travelling*.
   - Panorâmica – Movimento do eixo da câmera, sem deslocá-la do lugar. A câmera, assim, pode captar imagens da esquerda para a direita ou de cima para baixo, e vice-versa. O movimento panorâmico deve começar por uma imagem fixa e terminar em outra do mesmo jeito. Isso consome um tempo precioso na televisão e, por isso, deve ser usado de forma cautelosa.
   - *Travelling* – Consiste no deslocamento da câmera de um ponto a outro. Metaforicamente, podemos dizer que a câmera viaja, aproximando-se ou afastando-se do alvo desejado, no sentido horizontal nas duas direções (direita e esquerda), ou em movimentos panorâmicos.
2. **Movimentos óticos** – Trabalham com os recursos de lentes disponíveis nas câmeras. Popularmente, são conhecidos como *zoom* e dividem-se em:

- *Zoom-in* – Movimento de aproximação.
- *Zoom-out* – Movimento de afastamento do alvo da imagem no enquadramento da câmara.

Com os avanços tecnológicos, algumas reportagens de televisão começaram a fazer uso de *drones*[5]. Entretanto, o uso dessas aeronaves não alterou os tipos de movimentos, apenas deu a eles mais habilidades. Os *drones* também não alteraram os tipos de enquadramentos, mas possibilitaram o enquadramento de câmera alta[6] ter uma visão aérea mais ampla da cena. Além disso, podem ser operados a grandes distâncias por meio de controle remoto, o que não é possível com o uso de câmeras convencionais, podendo ir aonde nem o cinegrafista nem o repórter podem chegar pessoalmente. Antes, para captar as imagens do alto só era possível até o limite das gruas (pouco mais de três metros), uma espécie de guindaste que levantava a câmera, com ou sem o cinegrafista, para filmar cenas vistas de cima.

Quanto aos tipos de enquadramentos básicos, podemos citar seis:

---

5 *Drone* é uma palavra inglesa que significa "zangão", na tradução literal para a língua portuguesa. No entanto, esse termo passou a ser mundialmente utilizado para designar todo e qualquer tipo de aeronave que não seja tripulada, mas comandada por seres humanos a distância.

6 A câmera alta (*plongée*, em francês) é um tipo de enquadramento caracterizado pela posição da câmera acima do nível dos olhos, voltada para baixo. Seu oposto é a câmera baixa (em francês, *contra-plongée*).

1. **Plano geral** – O recorte do enquadramento da imagem da câmera é amplo, mostrando as pessoas e suas ações a uma distância que não permite reconhecê-las facilmente.
2. **Plano conjunto** – Plano geral mais fechado, no qual é possível identificar mais detalhes da cena e até reconhecer algumas pessoas, apesar dos detalhes das ações em cena ainda serem pouco identificáveis.
3. **Plano médio** – Plano conjunto mais fechado, no qual é possível identificar pessoas e seus movimentos e, ainda, ver o ambiente (cenário) que as cerca.
4. **Plano americano** – Um dos mais usados pela televisão, consiste em cortar a imagem na altura dos joelhos, valorizando a ação do jornalista em relação ao cenário, pois deixa transparecer muito pouco da cena de fundo.
5. **Primeiro plano** (ou *close-up*) – Aquele que destaca o rosto da pessoa, geralmente o repórter na introdução ou passagem de uma matéria, e também é utilizado em entrevistas, para mostrar melhor as expressões e emoções faciais das pessoas.
6. **Plano de detalhe** (ou *super-close*) – Usado para destacar algum objeto ou lugar da cena, do entrevistado ou do jornalista. Tem forte impacto visual e deve ser usado moderadamente, sendo mais frequente como imagem de corte e em vídeos publicitários.

Nas entrevistas, além de estar atento aos planos utilizados, uma técnica fundamental na linguagem do telejornalismo e que deve ser rigorosamente seguida é a **regra dos 180°**. Essa regra parte do seguinte princípio: em uma entrevista para televisão, existem três participantes (no mínimo): o repórter, o entrevistado e o cinegrafista. O repórter e o entrevistado devem ficar posicionados na mesma linha imaginária, já o cinegrafista deve manter-se de frente para os dois, desenhando um arco de 180° para capturar as imagens em plano e contraplano. Os contraplanos são aqueles enquadramentos que mostram o rosto do repórter enquanto o entrevistado está falando ou ouvindo a pergunta.

A gravação desses contraplanos é importante para que a equipe de edição os utilize como ponto de corte na resposta do entrevistado. O contraplano dá a impressão de que, no local da reportagem, havia duas câmeras, quando na realidade havia apenas uma. O repórter deve fazer os contraplanos ao final da entrevista, na presença ou não do entrevistado. Se o entrevistado ainda permanecer no local, sua imagem deve aparecer recortada no vídeo, com ele de costas olhando de frente para o repórter. Se o entrevistado já não estiver no local da gravação, o contraplano deve ser feito apenas com a imagem do repórter, como se ele estivesse olhando para seu entrevistado ou fazendo uma das perguntas da entrevista.

Síntese

A voz é um instrumento fundamental para os jornalistas que querem trabalhar com televisão. Por isso, precisam estar cientes de que suas emoções provocam alterações em sua voz, assim como alguns problemas funcionais e até fisiológicos, como a má-formação da laringe, presença de muco no trato vocal e desequilíbrios hormonais. Para reduzir os problemas funcionais da voz, existem exercícios que podem ser praticados regularmente. Para melhorar a dicção, a respiração e a ortofonia há também os chamados *trava-línguas*, que, além de divertidos, ajudam a melhorar o desempenho vocal. Outro ponto abordado neste capítulo foram os tipos e funções dos microfones, divididos em omnidirecionais, bidirecionais, direcionais (cardioides, supercardioides, hipercardioides e de lapela).

Comentamos ainda a importância da boa imagem na televisão, a qual depende da combinação de alguns fatores, como a forma de se vestir, a aparência dos cabelos e a pele do rosto bem tratada, além de uma postura corporal correta, dentes bem tratados e controle emocional. Saber como se vestir para TV é usar o bom senso, com criatividade e discrição. Afinal, o telejornalista não pode chamar mais atenção do que a notícia. Tão importante quanto a imagem pessoal, é trabalhar a iluminação (luz principal, contraluz e luz auxiliar), os movimentos (*travelling* e panorâmica) e os enquadramentos de câmera, definidos por seis planos: geral, conjunto, médio, americano, primeiro plano (*close-up*) e plano detalhe (ou *super-close*).

Questões para revisão

1. Qual é a definição mais adequada para a palavra *ortofonia*?
   a) Ciência que cuida da dicção das palavras.
   b) Estudo que cuida das falhas mais comuns da respiração.
   c) A arte de corrigir erros de dicção e respiração.
   d) Articulação perfeita dos sons ou a arte de corrigir vícios da pronúncia.

2. Para manter sua voz sempre limpa e saudável, o jornalista de TV deve tomar os cuidados indicados a seguir, **exceto**:
   a) Beber bastante água gelada.
   b) Comer maçã.
   c) Tomar sucos cítricos.
   d) Beber líquidos quentes.

3. Para os especialistas em moda, no geral, qual é o tipo de roupa que melhor veste qualquer pessoa?
   a) Escuras, porque emagrecem.
   b) Claras, porque demonstram limpeza.
   c) Mais justas, para mostrar a boa forma do corpo.
   d) Nem apertadas nem largas no corpo.

4. Os microfones hipercardioides ou ultradirecionais, também chamados de *canhão*, em virtude de sua extraordinária sensibilidade aos sons frontais, são os mais indicados para que tipo de captação de sons?

5. Qual é a importância da luz para a imagem e qual é a melhor luz para se usar em televisão?

Capítulo
06

Reportagem na TV

Conteúdos do capítulo:

- Tipos e características da reportagem.
- As três fases da reportagem.
- As reportagens especializadas.
- A reportagem especial.
- A reportagem participativa.

Neste capítulo, discorreremos sobre as fases de produção da reportagem. Podemos apontar três fases dessa produção: (1) pré-produção, (2) produção em si e (3) pós-produção ou edição. Em nossa abordagem, detalharemos mais as duas últimas fases.

6.1
Fases de produção da reportagem

Como especificado anteriormente, são três as etapas de uma reportagem em telejornalismo. A primeira delas, a **pré-produção**, refere-se ao momento em que são definidas as pautas, as fontes de pesquisa e as personagens que serão entrevistadas pela reportagem. Essa fase é discutida e planejada na redação e geralmente fica a cargo dos produtores.

Mesmo que, por vezes, essa etapa seja considerada menor, é necessário destacar que é tão importante quanto as demais. É nela que todas as ideias e informações a respeito dos assuntos a serem noticiados são discutidas e estrategicamente distribuídas. É nessa fase, também, que editor e repórter discutem os enquadramentos, analisam se haverá uso de arte e vinheta e consideram a linguagem plástica do material a ser produzido na reportagem.

Outro aspecto a ser considerado na pré-produção são os alinhamentos políticos e os interesses econômicos da emissora. Afinal, não é nenhuma novidade o fato de que as emissoras de televisão são empresas e, como tal, visam lucro. Também, não deve ser desconsiderado que, como toda empresa, as emissoras de televisão procuram manter uma boa relação com os poderes públicos, incluindo governos e governantes.

A fase de **produção** propriamente dita é a reportagem em si, momento em que o repórter vai para a rua em busca dos fatos, das entrevistas e das imagens que compõem o material bruto que o ajudará a contar a história a ser noticiada. Discorreremos mais sobre esse tema na Seção 6.2.

Já a última fase é a da **edição** ou **pós-produção**, quando o material obtido na rua pelo repórter chega ao estúdio para ser trabalhado de forma a construir a história a ser levada ao ar. Essa etapa será tratada na seção 6.3.

6.2
Tipos e características da reportagem

A reportagem é vista por muitos profissionais e escritores como a "cereja do bolo" do jornalismo. Não podemos dizer se isso realmente é verdade, mas, sem dúvida, a figura mais característica do telejornalismo é o repórter. Ainda assim, apesar de sua destacada importância, durante muitos anos a reportagem não passava de uma narrativa de interesses da burguesia ou da aristocracia e que era lida por funcionários públicos, comerciantes e seus auxiliares mais próximos. O tom seco e o caráter publicista (orientações e interpretações políticas) traduziam-se num discurso entre a fala parlamentar e o sermão religioso.

O tempo trouxe os avanços tecnológicos e, com eles, novas maneiras de se fazer reportagem. Educativa ou sensacionalista, assumiu a função de ser socializadora, buscando envolver o público tanto pela informação quanto pela emoção. A reportagem passou a discutir novos problemas, públicos e privados, de interesse geral e a revelar aquilo que o Estado tentava manter em sigilo.

Normalmente a reportagem de televisão é a narrativa[1] de uma história contada por palavras (do jornalista e de seus entrevistados), sons (ambiente ou editados) e imagens (registradas pelas câmeras ou produzidas pela arte digital). Destinada à abordagem de determinado tema, fato ou tópico, ela pode ter diversas formas: escrita, documental, em forma de conversa ou simples informação. Pode ser destinada a atender ao campo científico, à área educativa, aos planos governamental ou privado, entre outros.

Importante

Independentemente de seu objetivo, a reportagem deve responder às seis perguntas do jornalismo (O quê? Quem? Quando? Onde? Como? Por quê?).

---

1   Segundo Elton Antunes (2014, p. 116), "o conceito de narrativa surge fortemente articulado ao de experiência, inspirado em parte pelas leituras de Walter Benjamin e potencializada a partir das visadas do pragmatismo e da hermenêutica".

Uma reportagem pode fazer uso de documentos, gráficos, fotos, entrevistas, dados de pesquisa, registros históricos e até mesmo de outras reportagens. O importante é a clareza que cada elemento selecionado produzirá sobre a abordagem tratada. Atualmente, com a quantidade de informações que circulam nas diversas mídias, uma reportagem deve ter, além de **clareza** e **concisão**, conteúdo **relevante**. Esses três fatores são decisivos para a abordagem de qualquer assunto escolhido para ser noticiado.

A reportagem de televisão é um gênero textual não literário, um texto jornalístico escrito para ser falado. Nesse contexto, o repórter (de texto) aparece como a figura responsável por sua apresentação. A reportagem aborda temas de interesse da sociedade, cujo intuito é o de informar, ao mesmo tempo que cria opiniões em quem a assiste. Portanto, temos que considerar que a reportagem televisiva (assim como as de outros veículos de comunicação), tem o potencial de exercer forte influência na **opinião pública**.

Importante

Quanto ao texto, a reportagem pode ser expositiva, informativa, descritiva, narrativa ou opinativa. Dessa forma, ela pode tanto se aproximar de uma notícia quanto de artigos opinativos (comuns em editoriais). Contudo, esses estilos não devem ser confundidos.

O caráter **expositivo** ou **informativo** de uma reportagem, por exemplo, relaciona-se ao fato de nela se expor um assunto com o intuito de informar o telespectador. Nos textos **descritivos**, a intenção é representar, por meio de descrição, objetos ou pessoas; já os elementos **narrativos** são utilizados para descrever ações (em determinado tempo e espaço e, geralmente, com personagens) que contam sobre as causas e consequências dos fatos. Enquanto isso, em seu viés **opinativo**, a reportagem apresenta juízo de valor e posiciona – em boa parte dos casos – a ideia do veículo sobre o tema abordado.

É também comum que alguns autores procurem distinguir a reportagem da notícia. A principal diferença entre as duas está no período de duração de cada uma, bem como no sentido de suas abordagens. Visto dessa forma, a **reportagem** seria representada por textos mais longos, opinativos e assinados pelos repórteres, ao passo que as **notícias** seriam textos mais curtos e impessoais, com o objetivo único de informar sobre o fato ocorrido, sem emitir opiniões a respeito. Se adotarmos essa postura de distinção em nossa análise, podemos dizer que a notícia inscreve-se no jornalismo informativo, ao passo que as reportagens têm caráter mais abrangente e de debate sobre determinado tema, ou seja, fazem parte do jornalismo opinativo.

De todo modo, considerados conjuntamente notícia e reportagem, os textos jornalísticos são sempre divididos em três partes:

1. título principal (manchete) e secundário (subtítulo mais específico);
2. *lead* (espécie de resumo), que é o primeiro parágrafo do texto e contém as informações mais importantes; e
3. corpo do texto (desenvolvimento), que é o detalhamento das informações apresentadas no *lead* de forma coesa e coerente.

O gênero reportagem apresenta as seguintes características principais: textos em primeira e terceira pessoa, temas de interesse social, linguagem simples, clara e dinâmica, discurso direto e indireto, objetividade e subjetividade, textos assinados pelo autor.

Importante

Quanto às formas do discurso, "O discurso direto é caracterizado por ser uma transcrição exata da fala das personagens, sem participação do narrador. O discurso indireto é caracterizado por ser uma intervenção do narrador no discurso ao utilizar as suas próprias palavras para reproduzir as falas das personagens" (Norma culta, 2017).

Também cabe esclarecermos que a **objetividade** na reportagem é a exposição dos fatos sem a influência de opiniões, enquanto a **subjetividade** é exatamente o oposto, quando o repórter deixa sua opinião claramente marcada no discurso.

Quanto aos tipos fundamentais, as reportagens podem ser definidas em três: (1) de acontecimentos; (2) de ação e (3) documental.

A **narrativa de acontecimentos** obedece à clássica pirâmide invertida, em que os fatos são narrados sucessivamente segundo uma ordem de importância e cronologia – é o que denominamos *reportagem de fatos*, ou *fact-story*. Nesse tipo de reportagem televisiva, quando se cobrem grandes acontecimentos, os editores costumam dividir a cobertura em partes, mostrando os diversos ângulos do acontecimento por meio de pequenas notícias que abordam fatos independentes, mas relacionados entre si e com o acontecimento principal. Esse tipo de reportagem se caracteriza pela objetividade de sua narrativa, mas é possível encontrarmos também exemplos de subjetividade.

A **reportagem de ação**, ou *action-story*, é aquela que apresenta o desenrolar dos fatos. Geralmente inicia-se pelo acontecimento mais atraente e vai se deslocando para outros que contribuem para o detalhamento da história. O mais importante é aproximar o telespectador e envolvê-lo na narrativa. Nesse tipo de reportagem, o repórter deixa de ser mero observador e participa da ação, tornando-se parte dela. Um exemplo são aquelas reportagens apresentadas pelos jornalistas Clayton Conservani e Carol Barcellos, no programa *Planeta Extremo*[2] (Rede Globo), ou aquelas em que o repórter participa da ação policial na captura de criminosos. A participação do repórter confere à reportagem mais realismo e credibilidade.

A **reportagem documental**, ou *quote-story*, apresenta objetivamente um relato documentado, acompanhado de citações que complementam e esclarecem o assunto abordado. Esse modelo é comum nos documentários de televisão, que se aproximam da pesquisa. Às vezes, também pode se apresentar sob a forma de denúncia, mas, na maioria das vezes, tem um texto descritivo e apoia-se em dados que lhe conferem um caráter pedagógico a respeito do tema em questão.

Muitas vezes, para evitar a uniformidade de tom comum nas reportagens documentais e atrair o interesse do telespectador para o assunto abordado, a reportagem pode variar de tipo, sendo ora de fatos, ora de ação. Isso demonstra que os tipos ou modelos de reportagens não são tão rígidos, podendo transitar estrategicamente de um para o outro. Por isso, pode ocorrer também que uma reportagem de ação ou de fatos contenha referências documentais, como dados numéricos e estatísticos,

---

2 O *Planeta Extremo* surgiu na Rede Globo como um quadro do programa *Esporte Espetacular*, depois passou a ser um quadro do *Fantástico*, até se tornar um programa completo. Foi ao ar em duas temporadas (2015 e 2016). Cada episódio apresentava o esforço dos repórteres em reportagens que acompanhavam a superação de atletas e pessoas comuns em maratonas de 250 km, mergulhos em cavernas inexploradas e até na sobrevivência durante o terremoto no Nepal, em 2015.

depoimentos de pessoas ilustres ou descrições de procedimentos técnicos. Nesse caso, a reportagem, além de detalhar a informação, pretende contextualizar os fatos abordados. É o que denominamos *esquema dialético da reportagem*, comum no formato documental, no qual a narrativa se coloca a serviço da ideia, evidenciando possíveis controvérsias presentes na abordagem do tema.

Além de fatos, ação e documentos, a reportagem pode ganhar outros contornos; um exemplo é a reportagem-conto – aquela em que se escolhe a história de um ou de mais personagens para ilustrar o tema, desenvolvendo a narrativa com apresentação de situações corriqueiras do cotidiano dos personagens; nela, o repórter se posiciona como um observador reflexivo dos acontecimentos.

Perguntas & respostas

Na televisão, o jornalismo adquire significados específicos para cada sujeito, ou seja, um endereço de acesso feito para chegar a alguém e chamá-lo a ver. É o que podemos denominar *endereçamento*. Quais são os modos de endereçamento?

Compõem os modos de endereçamento os aspectos sociais, textuais e tecnológicos de cada programa televisivo. Os aspectos sociais podem ser percebidos pela presença (ou não) do produtor do texto, a audiência e os fatores institucionais e econômicos.

Os aspectos textuais referem-se, por exemplo, à relevância do gênero e à estrutura sintagmática – coerência textual por meio das ligações dependentes entre as ideias do texto (sujeito e predicado, por exemplo). Por fim, os aspectos tecnológicos relacionam-se ás características de cada meio.

∴ Reportagens especializadas e pesquisas

Geralmente, as redações são divididas em editorias, que são áreas de interesse jornalístico, tais como: cidade, política, esportes, segurança pública, economia, ciência e tecnologia, artes etc. Fundamentando-se na ideia de que o universo das notícias é o das aparências do mundo, Lage (2001) defende que o noticiário seja uma área de atuação de jornalistas formados tecnicamente e eticamente para a função, e não de especialistas que falam como jornalistas de suas práticas e experiências. "Por trás das notícias corre uma trama infinita de relações e percursos subjetivos que elas, por definição, não abarcam. Isso explica o custo social menor da especialização do jornalista, se comparado com a transformação do especialista em jornalista" (Lage, 2001, p. 111).

A defesa de Lage sobre o trabalho do jornalista especializado, em vez do especialista que se torna jornalista, está baseada na teoria da cognição, que se opõe à teoria da inocência. Esta postula que os repórteres devem observar a realidade com os critérios do senso comum, que exclui a formação especializada; aquela, por sua vez, defendida pelo autor, sustenta que, para transmitir o conhecimento de algo, o jornalista precisa entender esse algo, ou seja, construir um modelo mental dele. Para Lage (2001, p. 111), "isso significa que um repórter de política nacional, por exemplo, não precisa ser um cientista político [...], mas deve dispor do máximo de informações sobre a história recente, a organização do Estado e a natureza dos fatos políticos".

Para o autor, o conceito de notícia (*news*, em inglês) pode ser substituído por **informação jornalística**:

> Essa expressão tem, aí, sentido peculiar, que coincide com o de reportagem (gênero de texto), mas, eventualmente, assume a forma do que se chama de artigo, crônica (política, desportiva) ou crítica (de artes, de espetáculos): não é apenas uma estruturação de dados convenientemente tratados, como na informática ou na inteligência militar, que opõe informação (relato consistente, envolvendo análise) a informe (relato episódico). (Lage, 2001, p. 112)

A informação jornalística, assim, combina o maior número possível de dados com o interesse do assunto, formando uma narrativa compreensível e abrangente. É diferente da notícia, que promove o rompimento ou a mudança na ordem dos fatos e pressupõe uma apresentação mais sucinta e fragmentada de suas ocorrências. Portanto, é na informação jornalística que a reportagem especializada encontra seu espaço privilegiado, não na notícia.

Outras distinções podem ser observadas entre a informação jornalística, na qual está situada a reportagem, e a notícia. Podemos, inclusive, listar quatro pontos principais:

1. A notícia trata de acontecimentos factuais que contém elementos de ineditismo, atualidade, proximidade, intensidade e identificação que os tornam relevantes. Esses fatos geralmente correspondem a uma **disfunção do sistema**, como a queda de um avião, a ocupação de um prédio público etc. Já a informação jornalística trata de acontecimentos gerados ou não por fatos de interesse.
2. A notícia, geralmente, independe das intenções do jornalista, já a informação jornalística é consequência da intenção ou visão dos fatos por parte do jornalista.
3. A notícia é breve, sumária, com menor duração e ligada diretamente à emergência do fato que a gerou, enquanto a informação jornalística é mais demorada, completa e profunda na abordagem dos fatos.
4. A notícia carrega consigo a emergência dos fatos, apresentando a novidade, excepcionalidade ou revelação, ao passo que a informação jornalística dá conta da situação momentânea ao mesmo tempo que consegue promover uma discussão do campo de conhecimento.

Reportagens sobre política, esportes, artes e espetáculos são exemplos claros de que a cobertura jornalística não pode ser chamada simplesmente de *noticiosa*. São, portanto, informações jornalísticas. Para Lage (2001, p. 115), "tanto em política quanto em esporte, cada acontecimento pressupõe algo exterior a ele e que lhe dá sentido: a 'situação política', a 'situação no campeonato e no *ranking*'". A notícia no esporte, por exemplo, trataria dos melhores lances do jogo ou a disputa em si; a reportagem, por sua vez, seria toda a abordagem em torno da partida, como as declarações e decisões de técnicos, dirigentes e jogadores, a paixão dos torcedores pelo time e a crônica desportiva, sem que o jornalista perca de vista o poder de catarse (catalisador de tensões) do esporte e sua relação com a saúde física e mental.

Quanto à política, é importante acrescentar que esse tema engloba acontecimentos de outras áreas, como fatos econômicos (a variação do dólar, por exemplo) ou estatísticos (a queda de popularidade de um governo, por exemplo). Geralmente, as reportagens políticas são construídas com base em entrevistas que tratam de processos políticos, como denúncias, eleições, formação e funcionamento de comissões parlamentares, criação e votação de leis e grandes decisões dos três poderes que impactam no cotidiano social.

Também não podemos perder de vista que toda atividade social tem um componente político. Por isso, podemos fazer referência a política cultural, política desportiva, política social e assim por diante. Como disse, em certa palestra, o ex-colunista de política do *Jornal do Brasil*, Carlos Castello Branco (falecido em 1993): "a política é uma constante divergência e conciliação, um interminável processo dialético" (Lage, 2008, p. 117). Atenta, a reportagem política procura antecipar os fatos e apontar tendências.

Muitos estudantes de jornalismo são fascinados pela área cultural. Sonham em entrevistar os famosos e encontrar seus ídolos em algum momento de suas carreiras. Contudo, a maioria esquece que, no jornalismo de artes e espetáculos, a crítica tem papel correspondente às crônicas política e desportiva. Provavelmente, o principal papel da reportagem cultural é socializar o gosto do público, mostrando os mais altos padrões estéticos.

Esse papel não está desvinculado dos interesses comerciais, pois todo produto cultural é comercializável. Isso não quer dizer que o jornalista seja um vendedor de produtos de arte, mas significa sim que vende um padrão de gosto. Se o profissional faz uma reportagem sobre uma atriz de determinada peça de teatro, não significa que ele tenha compromisso com o espetáculo ou com a atriz em si, mas com a arte do teatro.

Sempre é bom lembrarmos que, a despeito dos gostos pessoais do jornalista a respeito de ritmos musicais ou gêneros cinematográficos, a sociedade é totalmente estratificada em uma hierarquia de gostos. Por isso, devemos entender a cultura como algo fragmentado e, ao mesmo tempo, passível a inúmeras combinações.

A ideia de traduzir determinado conhecimento técnico em algo compreensível ao maior número de pessoas é o objetivo das reportagens especializadas em ciência e tecnologia. Nesse tipo de reportagem, o intuito é transformar o conhecimento científico-tecnológico em informação jornalística, ou seja, numa reportagem capaz de traduzir o que as informações técnicas não conseguem com a mesma clareza e para um público heterogêneo. Por isso, Lage (2001, p. 122) explica:

> A reportagem de ciência e tecnologia cumpre algumas funções básicas: informativa; educativa; social; cultural; econômica; político-ideológica. Ao informar, complementa e atualiza conhecimentos e, neste sentido, educa; ao transmitir conhecimento, atua sobre a sociedade e a cultura, determinando escolhas econômicas e, no fim, opções político-ideológicas.

Embora a fonte das reportagens científicas e tecnológicas sejam os cientistas ou pesquisadores, o texto jornalístico não é, nem pretende ser, exato como a ciência. O jornalismo pretende atingir um público que é extenso e disperso, o que dificulta seu grau de precisão. O texto jornalístico, por isso, tem o objetivo de atingir a essa heterogeneidade da audiência de maneira agradável e com um conteúdo de fácil assimilação.

Não é o **jornalismo científico** que trata de técnica. Programas de agricultura e pecuária, como o *Globo Rural* (Rede Globo), por exemplo, são exemplos do que denominamos *jornalismo de produção*. O conteúdo desses programas aborda informações técnicas e econômicas (como fazer, como produzir, quanto investir, qual a lucratividade), difundindo procedimentos e conhecimentos práticos. Entretanto, mesmo nos referindo ao jornalismo de produção, não podemos ignorar que esse tipo de reportagem divulga informações de ciência e tecnologia, como uma matéria em que se explica um fenômeno genético ou as causas e tratamentos de determinada doença, por exemplo – ambos os assuntos de cunho totalmente científicos.

Muitos acreditam que nas reportagens especializadas o papel do jornalista é ouvir suas fontes e, com base em seus depoimentos, redigir sua matéria. Bem, isso não é totalmente verdade. Quando as informações fornecidas pelas diferentes fontes em uma reportagem são conflitantes e geram dúvidas, cabe ao repórter investigar mais a fundo. Dessa maneira, o jornalista pode chegar aos chamados *documentos primários*, ou seja, às fontes das fontes. A consulta a esses documentos não é tarefa das mais simples; afinal, o arquivamento é um processo técnico que pode ser muito complicado para quem não detém o mínimo de conhecimento a esse respeito. Não acredita? Tente fazer a busca de um livro em uma grande biblioteca. Agora, pense em como encontrar um número de telefone sabendo apenas o nome do assinante que não consta na lista disponibilizada na internet. O fato é que, complicada ou não, a **pesquisa** é a base do melhor jornalismo.

Além de pesquisar, o jornalista precisa saber interpretar as informações que obtém. O jornalismo interpretativo consiste, resumidamente, em um tipo de informação em que se evidenciam consequências ou correlacionam os dados investigados. Esse tipo de jornalismo é fundamental em coberturas de temas científicos ou de economia, por exemplo. Também pode ser utilizado quando o tema é política e o contexto de determinado episódio não está bem explicado. É a **interpretação** que permite ao jornalista apresentar os fatos de maneira que o público possa compreendê-los e, a partir daí, tirar suas conclusões.

Porém, é preciso atenção, pois o **jornalismo interpretativo** corre o risco de subordinar a reportagem a crenças ou teorias com relação às quais o receptor poderá apenas demonstrar concordância ou discordância. Contudo, desde o início deste século, esse tipo de jornalismo é visto como um instrumento moderno para o controle das massas, especialmente no campo político. Como lembra Lage (2001, p. 137), "a tese da eficácia de um jornalismo interpretativo revolucionário esbarra numa constatação: a de que, estando a imprensa imersa em um sistema de poder, a opinião dominante na mídia será inevitavelmente aquela que consulta os interesses desse sistema de poder".

O **jornalismo investigativo** é a forma mais extrema de reportagem. Podemos entender esse tipo de jornalismo como aquele que busca evidenciar as misérias atuais ou passadas da sociedade e as injustiças cometidas, além de narrar a história como é, foi ou deveria ter sido. Esse tipo de reportagem em televisão, geralmente, não é levado ao ar de uma vez só. São necessárias novas suítes[3] para dar conta de toda a história. É comum que grandes reportagens investigativas se tornem livros de sucesso.

Uma reportagem investigativa pode surgir de pequenos fatos inexplicáveis ou curiosos, pistas de fontes regulares ou de leituras. Instigado por essas motivações, o jornalista deve procurar saber se existem documentos disponíveis ou fontes que possam ser acessadas. Depois, deve pesquisar o máximo que puder sobre o assunto, consultando documentos e fontes secundárias. Inteirado sobre o tema, deve traçar um plano de ação, incluindo gastos e métodos de cruzamento de dados e de arquivamento de informações. Com o plano traçado, é hora de colocá-lo em prática. Na sequência, o profissional deve proceder à reavaliação do material coletado, buscando preencher possíveis lacunas. As etapas seguintes são: avaliação final; redação e revisão da reportagem; publicação: e seguimento ou suíte.

O fato é que o mundo se tornou tão complexo, tão intenso e com tanta informação disponível que o jornalista precisa ser o **sujeito que cria**, e não apenas aquele que transmite. Deve se portar como organizador, e não só como intérprete. Ele precisa saber juntar os fatos e traduzi-los a uma linguagem acessível.

---

3   *Suíte* é o "desdobramento de matéria já publicada em edição anterior pelo veículo ou por outro órgão da imprensa" (Houaiss; Villar, 2009).

Além disso, precisa saber redigir e contar sua história de acordo com as técnicas televisivas. Essencialmente, é isso o que difere um bom jornalista daqueles que apenas pensam que o são.

∴ Reportagem especial e reportagem participativa

Muita gente acredita que a definição de uma reportagem especial está no fato de seu tempo de duração ser maior que o das demais. No entanto, o que torna uma reportagem especial é o tratamento dado a ela – mais primoroso e plasticamente elaborado. As **reportagens especiais** permitem tratar de determinados assuntos de maneira mais aprofundada. Essas reportagens são comuns no telejornalismo, seja nos telejornais diários, seja em programas específicos como *Globo Repórter*, *SBT Repórter*, *Repórter Record* e *Esporte Espetacular* (citando apenas as TVs abertas), entre outros que exibem grandes reportagens.

Segundo Carvalho et al. (2015), até o final da década de 1990, esse tipo de reportagem não era muito utilizado, seja por causa dos custos ou da falta de profissionais aptos, seja pela simples conclusão de que esse tratamento não era tão substancial. Porém, segundo os autores, a partir dos anos 2000, essa ideia mudou e as reportagens especiais ganharam força total por dois motivos:

De um lado, está o desejo do profissional em fazer bom jornalismo, com histórias impactantes, personagens representativos, com tempo e acabamento mais cuidadoso. De outro, há a questão mercadológica, a competição entre os veículos de comunicação, em que cada um busca diferenciais para atrair o público [...]. (Carvalho et al., 2015, p. 22)

Não há problema no fato de essas duas forças andarem juntas, desde que o argumento não seja o de usar o jornalismo para simplesmente aumentar a audiência. A independência editorial é fundamental para evitar esse problema. Pensando nisso, podemos até mesmo questionar: Será que foi por essa independência que o caso Isabella Nardoni[4], por exemplo, ganhou tratamento especial em comparação a outros semelhantes?

Para Carvalho et al. (2005), a resposta pode estar na geografia. Isso mesmo, afinal, o caso citado ocorreu em um estado brasileiro que, além de ser o mais populoso, concentra a maior parte da riqueza produzida no país. Em São Paulo, os fatos ganham uma proporção maior do que os que ocorrem em outros lugares. Um dos fatores que contribuem para isso é a própria logística da mídia, com várias emissoras de TV no Estado, que dispõem de *links*, helicópteros e, claro, altos índices de audiência e muitos patrocinadores atentos.

- - - - -

4   Isabella Nardoni é o nome de uma menina de 5 anos que foi morta no dia 29 de março de 2008 e jogada do sétimo andar de um prédio de classe média em São Paulo. O pai e a madrasta foram apontados como autores do crime e condenados por homicídio doloso.

Reportagens especiais em lugares distantes do país só mesmo pelo seu caráter de excepcionalidade ou ineditismo. "É ingênuo pensar que a imprensa nacional dá o mesmo peso a fatos semelhantes que ocorrem em São Paulo e em Belém" (Carvalho et al., 2015, p. 23). Fora do eixo Rio-São Paulo-Brasília, a maioria das reportagens de televisão são feitas por jornais locais ou regionais e abordam majoritariamente os factuais, os seja, as notícias do dia.

É claro que não é só a geografia que dita as praças onde as reportagens especiais devem incidir. A audiência e as verbas publicitárias também exercem influência muito forte. É como um círculo vicioso: os locais de maior concentração de pessoas potencialmente são aqueles que apresentam os maiores índices de audiência e concentram o maior número de anunciantes. As televisões abertas vivem de verbas publicitárias que estão diretamente relacionadas com os índices de audiência, cuja maior concentração está nos grandes centros urbanos.

Todavia, em vez de ficar condenando a lógica perversa do mercado, Carvalho et al. (2015, p. 23) dão um conselho: "há um vazio de credibilidade em nossas instituições, sejam públicas ou privadas. No caso dos telejornais, tanto mais atraentes serão quanto mais informações confiáveis oferecerem". Essa credibilidade está nas mãos do repórter e do editor. Prova disso são as reportagens participativas.

As **reportagens participativas** são aquelas em que o repórter participa fazendo observações sobre os fatos que está noticiando, especialmente aqueles que não aparecem nas imagens. Acostumados com a objetividade jornalística, que impõe um olhar distanciado do repórter sobre a notícia, sem envolvimentos pessoais, muitos criticam a reportagem participativa, por acreditar que nela o repórter parece mais importante do que a notícia.

O fato é que a reportagem especial tem muito da participação do repórter, que conta para o telespectador suas impressões sobre o que está vivenciando. É fácil entender isso em videorreportagens de correspondentes internacionais em campos de guerra, por exemplo, ou naquelas transmissões por videofones ou telefone, em que os profissionais narram os acontecimentos que estão presenciando. Seria praticamente inviável um repórter cobrir a guerra na Síria ou um terremoto na Itália e ter de passar as informações sem poder dizer como é para ele estar naquele lugar e naquele momento.

Apesar de muito interessante e valorizada, o uso da reportagem participativa deve ser bem dosado, para não ultrapassar o limite do bom senso. Carvalho et al. (2015, p. 60) alertam: "na tentativa de transformar aquilo que tem significado jornalístico em algo interessante, há uma linha tênue que separa o bom gosto do piegas, assim como a informação do puro entretenimento".

Os autores lembram, ainda, que outro ponto a ser considerado é o estilo do repórter. Nem todos sabem utilizar sua participação na matéria com naturalidade. É uma questão de jeito: uns tem, outros não. Um exemplo de participação natural nas reportagens é o desempenho da jornalista Glória Maria (Rede Globo), famosa por inserir constantemente suas impressões sobre os acontecimentos narrados. Ela chegou a fumar maconha em uma reportagem que fez na Jamaica, em 2016, para cumprir as tradições locais. Posteriormente, ela descreveu as sensações que sentiu com o uso da erva.

 É claro que a decisão de levar ao ar a imagem de uma jornalista fumando maconha não é uma decisão tomada somente por ela. O produtor e o editor interferem na escolha do que vai ou não ser exibido, inclusive podendo recorrer a outras áreas, como a jurídica e a comercial, por exemplo, antes de deliberarem sobre o assunto. Longe das emoções dos acontecimentos vividos pela reportagem, cabe a editores e produtores ter uma visão ampliada do conteúdo produzido. Nas reportagens especiais, produtores, editores e repórteres estão em conversa o tempo todo para que o resultado esperado seja claro e os objetivos propostos sejam trabalhados para atingi-lo.

 A repórter Gloria Maria não decidiu no momento da produção que iria fumar maconha e que isso seria inserido na edição. Tudo foi discutido na pré-produção. Como lembram Carvalho et al. (2015, p. 65), "o trabalho começa já no encaminhamento da reportagem, ou seja, de onde vamos partir e aonde vamos chegar, o que é discutido no desenrolar da produção". Essa troca de informações entre editor e repórter faz parte da função dos dois e não interfere nas atribuições especificas de cada um. O repórter continua sendo o "contador da história", enquanto o editor trabalha as soluções estruturais e plásticas para construir a história da maneira mais atraente para o telespectador, e o produtor garante os meios para que isso aconteça.

6.3
Edição ou pós-produção da reportagem na era digital

Quando a cidade de São Paulo, em 2008, foi a primeira do Brasil a receber a transmissão digital, vários outros países do mundo, segundo Souza e Piveta (2017), já haviam aderido ao sistema, como Austrália (2001), Finlândia e Alemanha (2002), Itália, Holanda e Japão (2003) e França (2005).

Como mencionamos anteriormente, o modelo adotado pelo Brasil mistura a tecnologia nacional com o sistema japonês Integrated Services Digital Broadcasting (ISDB-T). Por isso, o sistema brasileiro é o ISDB-TB, também denominado Sistema Brasileiro de Televisão Digital (SBTVD) ou *nipo-brasileiro*.

Muitos consideram a tecnologia digital a maior invenção no meio, depois da criação da televisão. Durante décadas, utilizou-se o sinal analógico para a transmissão, mas esse sinal, que na verdade é uma frequência de onda eletromagnética, pode sofrer interferências das mais diversas, como aqueles fantasmas e chuviscos na imagem, além da distorção de cores. Além disso, quando o televisor está ligado e alguém liga um outro eletro-eletrônico próximo ao aparelho, o som e a imagem da televisão são automaticamente prejudicados.

O sinal digital apresenta uma tecnologia bem mais avançada. O sistema é binário, como o dos computadores. A imagem e o som são formados somente na tela, "antes disso não passa de um conjunto numérico" (Boni, 2009, p. 92). Por isso, a transmissão digital não sofre interferência de outros sinais ou frequências. O resultado é uma qualidade de som e de imagem bem melhor. Para se ter uma ideia, quando de sua criação, a televisão tinha 30 linhas de imagem. A TV analógica pode chegar a 525 linhas. A TV digital de alta definição chega a 1080 linhas.

Outra vantagem da TV digital é que ela pode chegar muito mais longe e com a mesma qualidade de transmissão, o que não ocorre com o sinal analógico, que, quanto mais longe do ponto original de transmissão, menos tem qualidade.

A TV digital conta ainda com seis canais de som, enquanto a analógica tem apenas um (quando estéreo, dois); e sua tela ganhou a proporção 16:9, enquanto no sistema analógico a tela não passa de 4:3[5].

---

5   Esses números dizem respeito à largura e à altura da tela. Na TV digital, a tela é chamada de *widescreen* (algo como "tela larga").

Como afirmam Souza e Piveta (2011, p. 5), "quando o desenvolvimento de uma tecnologia altera o equipamento, na maioria das vezes modifica-se também a forma de trabalho". As autoras lembram que a edição em vídeo era realizada com o emprego de duas máquinas de reprodução de vídeo interligadas. A fita bruta (aquela produzida pela equipe de reportagem) ia para uma máquina, enquanto a fita de edição, que recebia o áudio do repórter, os trechos selecionados de entrevistas e imagens escolhidas, ia para a outra máquina. As autoras explicam, ainda, que para executar a edição havia sempre dois profissionais: o editor que comandava a edição e o editor de imagens que operava as duas máquinas.

Com a tecnologia digital tudo mudou, a começar pelo espaço. Se antes eram necessários, pelo menos, 2 m² para abrigar as duas máquinas para edição, agora apenas um computador é equipamento suficiente para resolver o problema. Também diminuiu a equipe, já que o trabalho do editor de imagens não é mais necessário. O editor comanda toda a edição sozinho, apenas com alguns cliques no *mouse*.

Outra mudança está na ordem das imagens geradas e editadas. No sistema analógico, essa ordem aparecia nas ilhas de edição na mesma sequência em que haviam sido gravadas. Para o editor ver uma imagem fora da ordem da gravação, era necessário um tremendo trabalho, pois isso exigia fazer a decupagem para não perder a posição das imagens gravadas, o que demandava rebobinar a fita diversas vezes. Com o sistema digital – apesar de não ter sido alterada a sequência de gravação – a edição pode ver qualquer imagem de qualquer ponto. Isso conferiu mais agilidade à edição, mas também abriu a possibilidade de alterar a lógica da sequência do material gravado pela reportagem. Em outras palavras, as fitas analógicas contavam uma história na mesma sequência em que a reportagem havia gravado as imagens. No sistema digital, também existe uma ordem de gravação, mas ela não precisa ser respeitada para o editor contar a história.

Souza e Piveta (2011) lembram que a edição analógica era linear, ou seja, cada trecho da reportagem precisava ser editado na ordem sequencial.

> Uma entrevista, por exemplo, não poderia ser inserida na reportagem já editada a não ser que se fizesse uma cópia desta matéria para outra fita até o ponto em que se desejava colocar a entrevista. Depois da nova fala inserida era necessário copiar, para esta mesma fita, o restante da reportagem editada. (Souza; Piveta, 2011, p. 6)

No sistema digital, não existe mais a fita. Agora é um disco (semelhante ao CD). Esse disco, que contém as imagens e sons da reportagem, é "ingestado", ou seja, entregue a um funcionário do departamento de engenharia da emissora, responsável por disponibilizar todo o seu conteúdo para os computadores da redação e do editor que trabalhará naquele material. Como já referido, a edição digital não é linear como a analógica, o que significa que se podem inserir, a qualquer momento, elementos da reportagem (imagens, planos, movimentos de câmera, sons) em qualquer ponto da matéria, em qualquer ordem e sem precisar fazer cópias da reportagem. Também não há perda de qualidade, por mais que se manipule o material digital.

As emissoras de televisão usam, normalmente, câmeras da série XDCAM, lançadas pela Sony em 2003, que têm preços a partir de R$ 18 mil. Entre outras funções, essas câmeras geram miniaturas (*thumbnails*) de imagens, as quais servem de referência para o editor saber as sequências de cenas mais importantes da reportagem. O cinegrafista deve produzir uma miniatura da primeira imagem da cena para orientar o editor sobre o conteúdo. Por exemplo, a imagem do entrevistado, para sinalizar que ali tem uma entrevista, ou a imagem do repórter, para sinalizar que ali tem uma passagem.

Você se lembra de quando, no começo deste livro, comentamos que a televisão, ao chegar ao Brasil, enfrentou a falta de qualificação profissional como um de seus principais problemas? Agora, a história se repete. A televisão digital mudou não só a tecnologia, mas também a forma de se trabalhar com televisão. Para dar conta do novo sistema, as emissoras estão investindo na capacitação de profissionais para que lidem com todas as novidades tecnológicas. Para se ter uma ideia, somente o manual de uma câmera XDCAM tem 93 páginas para serem estudadas.

Como o novo sistema é muito dinâmico e preciso, os profissionais envolvidos na produção e pós-produção de matérias jornalísticas devem estar em sintonia. É preciso que o cinegrafista esteja em contato permanente com o repórter para saber o objetivo da matéria, e que o repórter esteja ciente do que o cinegrafista tem condições de lhe oferecer no que se refere a som e imagem. Da mesma forma, o repórter tem de manter o editor bem informado sobre o desenvolvimento da reportagem, e o editor, por sua vez, precisa receber todas as informações no disco para produzir um bom resultado.

É claro que, nas reportagens especiais, existe sempre mais tempo para edição, mas o cotidiano das redações é pressionado pelo prazo ou *deadline*, o que não permite muita conversa entre o repórter e o editor, nem mesmo o acompanhamento da edição pelo repórter. É um trabalho intenso e que exige muita atenção. Barbeiro e Lima (2002, p. 100) comentam sobre isso:

> Os editores também escrevem cabeças e pés de matérias e notas que compõem o *script* do telejornal. Editam reportagens vindas de outras praças e são os primeiros a avaliar se determinada matéria deve ou não cair. Em alguns casos são necessárias duas ou mais horas para se editar uma matéria de um minuto e meio.

Importante

....

O tempo da reportagem é definido conforme a importância do assunto e a força das imagens nela contidas.

....

Outras dicas importantes para a edição, adaptadas de Barbeiro e Lima (2002) e atualizadas para o sistema digital, são:

- nem sempre a reportagem precisa da passagem do repórter;
- o editor deve entender a matéria como um todo antes de iniciar sua edição;
- a edição precisa de equilíbrio entre as partes que compõem a reportagem: *off*, sonora (entrevista) e passagem;
- cada sonora deve ter, em média, 20 segundos (mas há exceções);
- é preciso ter cuidado ao usar material de arquivo para não vazar sons ou imagens adversas da reportagem em edição;
- deve-se tomar cuidado com imagens em *close* de pessoas que não autorizaram a filmagem;
- deve-se ficar atento aos créditos que identificam pessoas, lugares ou objetos que vão ao ar, pois a identificação do repórter, com ou sem passagem, é importante para a autoria da reportagem;
- é preciso ter cuidado com a abreviação de nomes muito longos, para não atrapalhar a identificação do entrevistado;

- as sonoras devem ser o mais opinativas possível;
- não se deve repetir na sonora a informação do texto em *off* ou ao vivo; e
- é importante utilizar todos os recursos audiovisuais possíveis para conseguir uma boa edição, mas nunca para deturpar uma reportagem, ou seja, é preciso ser ético e manter a fidelidade às informações.

O sistema digital não tem a limitação do tempo para gravação, que era um fator decisivo no sistema analógico. Houve uma época em que as fitas tinham cerca de 3 minutos de duração e era necessário dar conta, nesse tempo, de gravar todas as imagens, entrevistas e passagem da reportagem. Nem sempre o cinegrafista dispunha de outro rolo para a mesma reportagem. Hoje, o disco digital oferece muito mais tempo, mas é preciso ser muito mais objetivo.

A exigência mudou, mas não aliviou a vida dos telejornalistas. O sistema de alta definição apresenta imagens muito mais nítidas e mais próximas da realidade do que aquelas exibidas pelo sistema analógico. Por isso, a televisão digital trouxe a lógica de que é preciso produzir menos imagens, mas com atenção redobrada na qualidade, uma vez que o telespectador precisará de mais tempo para observar todos os detalhes, já que agora dispõe de um equipamento tecnologicamente avançado para isso.

De acordo com Cabral, Pereira Júnior e Barros (2009), a edição é um processo de construção de uma narrativa audiovisual. Começa com a montagem por meio da qual a notícia ganha forma de produto jornalístico.

> Isso implica em escolhas – como se diz no jargão jornalístico, "em cortes e emendas" – em uma narrativa fragmentada, em que vamos operar a partir da manipulação e da exploração das imagens, e estabelecer uma narrativa que apresenta uma unidade de modo a manter a atenção da audiência interativa do começo ao fim da reportagem. (Cabral; Pereira Júnior; Barros, 2009)

Além disso, a edição precisa estar atenta ao perfil do telespectador e trabalhar com artes, vinhetas e uma linguagem interessante e adequada ao conteúdo. Carvalho *et al.* (2015) lembram que os efeitos visuais devem ser utilizados na medida certa, apenas para realçar detalhes nos quais o telespectador deverá prestar mais atenção, sem alterar a veracidade da informação.

Por falar em veracidade, como assinalam Berger e Luckmann (2003), existe uma "relatividade social" no conhecimento da realidade cotidiana. Nesse sentido, "o que é 'real' para um monge tibetano pode não ser 'real' para um homem de negócios americano. O 'conhecimento' do criminoso é diferente do 'conhecimento' do criminalista" (Berger; Luckmann, 2003, p. 13). O pensamento dos autores esclarece um ponto crucial da edição na TV: a subjetividade estará sempre presente, mesmo no exercício da objetividade jornalística, construindo um mundo possível de ser conhecido.

É a partir do mundo real que os jornalistas procuram construir um mundo possível. As imagens oferecidas pela realidade e geradas pelos fatos são, dessa forma, interpretadas por repórter cinematográfico, repórter e editor, cada um dando a elas seus enquadramentos jornalísticos, criando simulacros.

A ideia de que imagem e realidade estão cada vez mais próximas na era digital é compartilhada por Souza e Piveta (2011), que também acreditam que a leitura sobre as mesmas imagens pode gerar edições diferentes de acordo com a percepção de cada editor sobre o material da reportagem. E mais, o próprio cinegrafista pode não concordar com as escolhas do editor pelas melhores imagens ao assistir à matéria. "Duas imagens diferentes podem 'dizer' a mesma coisa. Vai para o ar a que se adequar mais aos referenciais teóricos, práticos e éticos do editor" (Souza; Piveta, 2011).

A edição não é uma atividade que envolve mágicas ou milagres. Como explicam Carvalho et al. (2015, p. 66), "há uma relação direta entre o material bruto e o produto final. A criatividade deve perpassar todas as etapas do processo". Por isso, as imagens que apresentam mais informações traduzem melhor a realidade e são as preferidas dos telejornalistas. Nessa busca cada vez mais refinada por **imagens sintetizantes**, vale até aquelas feitas por pessoas comuns em câmeras amadoras, câmeras de segurança ou celulares.

A internet está cheia de ofertas de cursos para cinegrafistas amadores[6]. Existem até *sites* específicos em que pessoas comuns podem postar notícias colaborativas. No YouCa.st[7], por exemplo, é possível ter acesso a um acervo de notícias e informações, segmentadas por canais e filtradas por localização, feitas por cinegrafistas amadores. A oferta desse tipo de serviço na rede mundial de computadores serve a uma série de discussões, mas nenhuma delas pode negar dois fatos: o primeiro deles é que a audiência está cada vez mais atenta aos acontecimentos e também exerce seu direito interpretativo sobre os fatos; o segundo, que ninguém pode construir uma narrativa da realidade com base em suas próprias visões e interpretações que dá às coisas do mundo.

Se juntarmos os dois fatos citados, podemos entender que as edições também são assim: uma história construída a partir da interpretação subjetiva da realidade e dos acontecimentos registrados. Não se trata de construir uma verdade, mas de interpretá-la.

---

6 Um dos *sites* que divulgam informações sobre esses cursos é o *Cinegrafistas*, disponível em <https://cinegrafistas.com.br/>. Acesso em: 20 set. 2017.
7 Para enviar algum vídeo para o YouCa.st, é necessário estar cadastrado. É possível enviar conteúdo por meio de um aplicativo no celular, em português.

Síntese

A produção de uma reportagem pode ser dividida basicamente em três fases: pré-produção, produção e pós-produção. A reportagem de televisão é uma narrativa que inclui palavras, sons e imagens para contar uma história. Pode ser destinada a diversos objetivos, mas nenhum deles exclui a necessidade de a reportagem responder às seis perguntas do jornalismo: O quê? Quem? Quando? Onde? Como? Por quê? Com a quantidade de informações que circulam nas diversas mídias, uma reportagem deve ter, além de clareza e concisão, relevância de conteúdo.

As reportagens podem ser classificadas em três tipos fundamentais: de fatos, de ação e documental. Quanto ao texto, a reportagem pode ser expositiva, informativa, descritiva, narrativa ou opinativa. A ideia de traduzir determinado conhecimento técnico em algo compreensível ao maior número de pessoas é o objetivo das reportagens especializadas em ciência e tecnologia. Nesse caso, o objetivo é transformar o conhecimento científico-tecnológico em informação jornalística, de maneira clara e para um público heterogêneo. Para isso, além de pesquisar, o jornalista precisa saber interpretar as informações que obtém. Uma reportagem investigativa pode surgir de pequenos fatos inexplicáveis ou curiosos, pistas de fontes regulares ou de leituras.

A edição é um processo de construção de uma narrativa audiovisual. A atividade evoluiu do sistema analógico para o digital e, com isso, provocou uma série de transformações não só tecnológicas, mas em toda a logística e comportamento dos profissionais, especialmente aqueles envolvidos na produção e na pós-produção da reportagem.

Questões para revisão

1. Programas como *Globo Rural* são exemplos de que tipo de jornalismo?
   a) Cultural.
   b) Esportivo.
   c) Científico.
   d) De produção.

2. A reportagem é um gênero textual que apresenta as seguintes características, **exceto**:
   a) Linguagem simples, clara e dinâmica.
   b) Textos sem a assinatura do autor.
   c) Discursos direto e indireto.
   d) Objetividade e subjetividade.

3. Considerando as ideias de Lage (2001), são exemplos claros de que a cobertura jornalística não pode ser chamada simplesmente de *noticiosa* os temas de reportagem listados a seguir, **exceto**:
   a) Política.
   b) Esportes.
   c) Artes.
   d) Cotidiano.

4. O que é jornalismo interpretativo?

5. Qual é a vantagem essencial da edição digital em relação à edição analógica?

Capítulo 07

Entrevista e seus tipos

Conteúdos do capítulo:

- Entrevistas ao vivo.
- Entrevistas gravadas.
- Entrevistas em estúdio.
- Entrevistas externas.
- Outros tipos de entrevistas.
- Como agir durante a entrevista.
- Tipos de entrevistados.

Entrevistar é uma das ações mais importantes do jornalista e pode revelar fatos surpreendentes, resultar em furos incríveis e promover ou condenar alguém por suas palavras.

Neste capítulo, explicitaremos que, em princípio, a entrevista nada mais é do que uma conversa entre duas ou mais pessoas, sendo pelo menos uma delas jornalista. Este irá colher, em local combinado (estúdio, residência, locais públicos etc.), esclarecimentos, avaliações e opiniões a respeito de determinado assunto para divulgação em meios de comunicação de massa. É bom esclarecermos que, nessa conversa, quem faz as perguntas é o jornalista, não o entrevistado. Dizemos isso porque, às vezes, alguns entrevistados mais hostis ou evasivos tentam inverter os papéis durante a entrevista.

Além dos tipos de entrevistas, comentaremos, neste capítulo, a maneira correta de agir diante de diversas situações. Por fim, apresentaremos um Estudo de caso e explicaremos como deve ser a postura do jornalista durante a entrevista e os desdobramentos que algumas falas podem ter para o entrevistado.

7.1
Os diversos tipos de entrevista

De maneira geral, a entrevista pode apresentar perguntas abertas ou fechadas (múltipla escolha), estruturadas ou não, de forma oral ou por escrito. Independentemente disso, para a televisão, as entrevistas precisam de som e imagem. Isso exige pensar em muitos detalhes. Um exemplo é a maneira como essa entrevista será feita, o que envolve duas possibilidades:

1. **Ao vivo** – São as entrevistas mais temidas, pois não permitem edição ou regravação. Nesse tipo de entrevista, o entrevistado responde às perguntas do repórter e, em alguns casos, às indagações do âncora que está no estúdio. Para isso, o entrevistado, geralmente, usa uma escuta (pequeno fone de ouvido, às vezes já com o microfone acoplado) por meio da qual pode ouvir o âncora diretamente. As entrevistas ao vivo são geralmente curtas e compõem-se de três ou quatro perguntas, no máximo.

2. **Gravadas** – São entrevistas mais demoradas, e toda a conversa entre o jornalista e o entrevistado pode ser editada antes de ser levada ao ar. Por isso, o repórter deve gravar passagens (aquelas falas em que ele aparece no vídeo), abertura e *off* para a matéria, além das imagens de corte, aquelas em que o entrevistado fica de costas e apenas o repórter é filmado fazendo a pergunta. Há também os contraplanos, quando o entrevistado é filmado individualmente respondendo a perguntas. Outras imagens de detalhes, como os movimentos de suas mãos, um relógio ou outro acessório usado pelo entrevistado, seus sapatos ou brincos, também

serão gravadas para que se tenha várias opções de cortes na edição.

Há também outra definição para as entrevistas, que se refere ao local em que elas acontecem. De acordo com esse critério, as entrevistas podem ser em estúdio ou externas:

- **Em estúdio** – Podem ser gravadas ou ao vivo. Nesse tipo de entrevista, a iluminação, o cenário e a posição das câmeras devem ser pensados de forma a deixar entrevistador e entrevistado confortáveis a fim de que o assunto abordado seja explorado em profundidade. Esse tipo de entrevista também pode apresentar mais de um jornalista ou mais de um entrevistado. Entrevistas desse tipo costumam ser mais longas.
- **Externas** – São aquelas gravadas ao ar livre. O repórter escolhe o melhor local (com o repórter cinematográfico) e orienta o posicionamento do entrevistado em relação à câmera, bem como o cenário de fundo. Por exemplo, se a entrevista é sobre arte, mostrar a imagem de uma escultura ou a fachada de um museu ao fundo é uma boa opção. Contudo, o repórter deve ter cuidado com os ruídos e os movimentos de terceiros (carros passando, pessoas falando ou brincando perante as câmeras etc.) para não perder a concentração.

Importante

As entrevistas **por telefone** também são comuns na televisão. Nesse tipo de entrevista, o gerador de caracteres é importante para reproduzir por escrito a fala do entrevistado, inclusive traduzindo quando ele falar em outra língua. Esse tipo de entrevista não tem longa duração; geralmente, apenas duas ou três perguntas vão ao ar.

Do ponto de vista dos objetivos, as entrevistas, segundo Lage (2001), podem ser classificadas em quatro tipos, sendo elas:

1. **Rituais** – Mais centradas no entrevistado do que no que ele tem a dizer. São breves e as declarações são esperadas ou até pouco relevantes. Interessam mais pelo ambiente, o clima emocional e a encenação dos entrevistados. São exemplo de entrevistas rituais aquelas realizadas com técnicos e jogadores de futebol após uma partida, por exemplo.
2. **Temáticas** – Realizadas com um técnico ou especialista em determinado assunto. "Pode servir para ajudar na compreensão de um problema, expor um ponto de vista, reiterar uma linha editorial com o argumento de autoridade (a validação pelo entrevistado) etc" (Lage, 2001, p. 74).
3. **Testemunhais** – Constituídas do relato do entrevistado sobre algo de que ele participou ou assistiu. Geralmente

abordam não só a narrativa da participação efetiva do entrevistado, mas também informações a que ele teve acesso e suas impressões subjetivas.

4. **Com profundidade** – Independentes de um tema particular ou um acontecimento específico. De acordo com Lage (2001, p. 75), esse tipo de entrevista é centrado na figura do entrevistado, em sua visão de mundo, sua atividade ou em sua maneira de ser e de viver.

Os tipos de entrevistas, ainda de acordo com Lage (2001), também podem variar quanto às circunstâncias de sua realização. Nesse caso, o autor divide as entrevistas em outros quatro tipos. São eles:

1. **Ocasional** – Não programada, ou seja, o entrevistado não está previamente avisado do seu conteúdo. Esse tipo de entrevista ocorre rotineiramente com políticos. Mas Lage (2001, p. 76) alerta que os políticos "aproveitam eventualmente a oportunidade para formular declarações maliciosas, muito bem planejadas e que podem desmentir ou corrigir posteriormente, alegando que foram pegos de surpresa ou mal interpretados".

2. **De confronto** – O repórter assume o papel de inquisidor, abordando o entrevistado com acusações de denúncia e contra-argumentando veementemente com base em dossiês, documentos ou gravações anteriores que justifiquem sua

posição. "A tática é comum em jornalismo panfletário, quando se pretende 'ouvir o outro lado' sem lhe dar, na verdade, condições razoáveis de expor seus pontos de vista" (Lage, 2001, p. 76).

3. **Coletiva** – O entrevistado é submetido às perguntas de vários repórteres de diferentes veículos. São programadas e comuns quando há interesse geral por algum entrevistado ou tema específico. Segundo Lage (2001, p. 77), "Por menos formal que seja o ambiente, a entrevista coletiva tem como principal limitação o bloqueio do diálogo, isto é, da pergunta construída sobre a resposta [...]".

4. **Dialogal** – Conversa entre o repórter e o entrevistado. O tom desse diálogo evolui conforme as perguntas propostas pelo jornalista, mas não se limitam aos pontos abordados em suas questões, podendo detalhadas de acordo com o interesse do repórter e a disponibilidade do entrevistado. Esse tipo de entrevista, quando realizada por apenas um veículo, é normalmente denominada *exclusiva*. "A expressão *entrevista exclusiva* tem valor de *marketing*, embora toda entrevista individual seja exclusiva, valoriza o eventual esforço de reportagem e o conteúdo inédito das declarações obtidas" (Lage, 2001, p. 78).

Independentemente do tipo de entrevista que fará, é fundamental que o repórter ou entrevistador esteja preparado. Isso não significa ler tudo a respeito do assunto que será abordado e fazer uma lista de perguntas para decorar e sair perguntando. Estar preparado é se inteirar do assunto, pesquisar o tema, entender. É necessário pensar em possíveis questionamentos sim, mas o mais importante é ficar atento à fala do entrevistado para, com base nela, elaborar as melhores perguntas.

Faz parte da preparação para a entrevista uma conversa prévia entre o repórter e o entrevistado. Essa conversa é importante para esclarecer alguns pontos, deixando a entrevista mais objetiva para a gravação. Nesse diálogo, o jornalista deve observar o perfil do entrevistado. Se for uma pessoa que consegue falar claramente, sem usar palavras muito técnicas, sem ser prolixo demais, a entrevista tende a fluir tranquilamente. Caso contrário, o jornalista deve orientar seu entrevistado para a necessidade de ser objetivo e claro em suas falas.

É comum também os entrevistados ficarem intimidados com o microfone e a câmera. Em muitos casos, o entrevistado se transforma ao ser avisado de que a entrevista começará a ser gravada. Eis aí outra função da conversa prévia: ser um momento em que o jornalista tenta deixar seu entrevistado à vontade e mais relaxado diante das câmeras, microfones e iluminação (se for o caso). Nessa oportunidade, ainda, o repórter cinematográfico procura o melhor cenário, ajusta a luz e testa o som para que tudo possa ser gravado com qualidade.

7.2
Como agir durante a entrevista

Se perguntássemos para dez jornalistas profissionais qual o melhor tipo de entrevista, certamente todos responderiam que é a pessoal. É claro que algumas considerações poderiam ser feitas, do tipo, "quando estamos muito em cima do *deadline*, aí o telefone ajuda bastante". Ficaria claro, no entanto, que nada é mais produtivo do que o olho no olho, o diálogo face a face, para extrair do entrevistado o melhor que ele tem a dizer.

A entrevista pessoal permite que o processo de interação ocorra de maneira mais natural, dando ao jornalista a oportunidade de observar as expressões do entrevistado que algumas vezes contradizem sua fala. "Um bom repórter aprende a ler nas entrelinhas, a captar sinais, a entender o não dito. Não se contenta com a primeira versão, desconfia, foge do óbvio" (Bistane; Bacellar, 2014, p. 18).

A opção de fazer a entrevista por telefone só deve ser adotada quando não há alternativa alguma para fazê-la pessoalmente. É um tanto absurdo pensar que um repórter ficará dentro da redação ligando para todos os seus entrevistados e fontes para redigir sua matéria. A presença do jornalista no local dos acontecimentos é que reforça a credibilidade da narrativa dos fatos.

Também devem ser evitadas as entrevistas por e-mail, que tiram a espontaneidade da fala, deixam o entrevistado responder de maneira contida (às vezes de modo monossilábico: sim, não, talvez etc.) e podem induzir a erros, uma vez que o jornalista não tem sequer a garantia de que é mesmo o entrevistado quem está do outro lado da tela.

Para não correr maiores riscos, é aconselhável que o jornalista grave todas as suas entrevistas. A gravação tem algumas vantagens, tais como ajudar a esclarecer dúvidas sobre a fala do entrevistado, visto que pode ser ouvida quantas vezes forem necessárias. Além disso, ela dispensa que os repórteres fiquem tomando notas o tempo todo, deixando-os mais atentos ao entrevistado (suas expressões, olhares, gestos etc.) e permitindo que preservem o próprio entrevistado de possíveis erros do jornalista.

Importante

É sempre bom lembrar que a gravação da entrevista, obedecendo a uma conduta ética, deve ser avisada ao entrevistado, mesmo quando a entrevista for por telefone.

E quanto ao *off*[1]? É preciso sempre ter muito cuidado. *Off* é algo que, em essência, não existe. Afinal, como pedir para não publicar aquilo que já foi gravado ou não gravar a informação mais importante a ser revelada? Na verdade, o que existe é um entendimento entre o jornalista e o entrevistado de que certos assuntos tratados durante a entrevista não poderão ter sua fonte revelada. Cabe ao jornalista aceitar ou não que partes da entrevista não sejam gravadas ou levadas ao ar. Isso depende muito do profissional, do interesse público pela notícia e do entrevistado (se ele é uma fonte que merece ser preservada ou não). Depende, ainda, de outros critérios, como a possibilidade de comprovar a informação de outra forma.

Quanto à forma de tratamento, como mencionamos no Capítulo 4, deve ser utilizado o pronome *senhor* ou *senhora*. As exceções estão naqueles casos em que o entrevistado é aparentemente muito mais jovem do que o jornalista, ou é um atleta ou artista. Imagine alguém chamando a cantora Maria Bethânia de Dona Maria ou o Pelé de Senhor Pelé? Outros pronomes de tratamento são usados apenas para grandes autoridades, para o papa, monarcas e outros representantes da realeza e da nobreza. *Doutor* é o maior título acadêmico no Brasil, e não identidade

---

[1] *Off* é o termo usado para a expressão "*off the records*" (fora dos registros), que indica uma informação que não deve ser tornada pública. Mas, na prática, o *off* se refere aquelas informações que o entrevistado (fonte) pede para ficar no anonimato. Não confunda o *pedido de off* com a *gravação de off* feita pelo repórter para cobrir as imagens da reportagem.

profissional. Portanto, médicos, engenheiros e advogados só devem ser tratados como "doutores" se tiverem o título de doutorado, caso contrário, o correto é tratá-los como "senhor" ou "senhora", "médico" ou "médica".

Não há como negar que existem casos em que o entrevistado faz questão de ser tratado de determinada forma. De modo geral, não há problema em atender ao pedido, desde que isso não cause confusão para o telespectador ou corrobore para a manutenção de uma falsidade ideológica. Regra geral, é aconselhável tratar o entrevistado com respeito e sem muita intimidade. Em outras palavras, é preciso quebrar o gelo para tornar a entrevista mais agradável, mas para isso não é necessário abraçar ou dar tapinhas nos ombros do entrevistado. Certo distanciamento é sempre recomendável.

O que difere uma entrevista boa de uma ruim, provavelmente, está no grau de confiança do entrevistado no entrevistador. Para conquistar isso, o jornalista deve agir de forma honesta sempre, ou seja, construir uma boa reputação ao longo de sua carreira profissional. Deve também demonstrar conhecimento sobre o entrevistado e seu trabalho e saber ouvir, o que requer curiosidade sobre o que o entrevistado tem a dizer.

Saber ouvir significa reconhecer os momentos adequados de assumir o turno no diálogo. Atropelar a fala do entrevistado, interrompendo seu raciocínio ou simplesmente cortar sua fala nos momentos mais preciosos de suas declarações pode transformar o que seria uma ótima entrevista em uma conversa desinteressante. Além disso, esse tipo de comportamento do jornalista revela uma necessidade de aparecer mais do que o entrevistado ou mesmo certa prepotência, insinuando que sua opinião é mais interessante do que a do especialista.

Encontrar o ponto fraco do entrevistado, adotar uma postura *blasé* para não denunciar o impacto bombástico de algumas informações e saber a hora de disparar as perguntas mais delicadas são três técnicas que tornam a entrevista mais interessante e reveladora.

Quando falamos do ponto fraco do entrevistado, estamos nos referindo a sua vaidade, o que por si só, muitas vezes já é notícia. Despertar a vaidade pode ser um bom caminho para o entrevistado contar o que não gostaria e revelar o que não deveria, mas que, jornalisticamente, é o melhor que pode acontecer. Afinal, os furos e as grandes revelações são as joias mais preciosas das entrevistas.

A habilidade para explorar a vaidade de cada entrevistado é um aprendizado prático que demanda experiência, observação e até certa psicologia. Para exemplificar essa situação, elaboramos o Estudo de caso a seguir, o qual foi baseado em uma experiência pessoal.

Estudo de caso

Quando era assessor de comunicação em determinada secretaria de saúde, o titular da pasta – um médico de grande respeitabilidade profissional, mas de pouca experiência administrativa – certa vez concedeu uma entrevista para um canal de televisão. O tema era a insuficiência de leitos nos Centros de Terapia Intensiva (CTIs) na cidade. A repórter já entrou no gabinete dele fazendo elogios, dizendo que o secretário era muito simpático e um médico competente. Nada disso era mentira, mas também nenhum dos elogios tinham qualquer relação com o assunto da entrevista. O secretário reagiu sorridente e sua expressão demonstrava que ele havia gostado muito dos elogios da repórter.

Apesar de ter sido orientado para a entrevista, com dados importantes a serem explicados, e até alertado sobre determinadas atitudes dos jornalistas, o secretário de saúde ignorou minhas observações e desandou a falar tudo que a jornalista queria saber. Lembro que, em determinado momento, cheguei a interromper a entrevista (que não era ao vivo) para pontuar algumas falas do secretário que, em minha avaliação, teriam extrapolado (e muito) o limite da racionalidade, como o momento em que ele admitiu que os médicos da rede municipal de saúde faziam escolhas de pacientes para ocupar leitos de CTIs com base na idade e nos critérios clínicos que apontavam aqueles que teriam mais chances de sobreviver e não no direito constitucional do cidadão ao tratamento. Esse tipo de comportamento é vulgarmente chamado de "escolha de Sofia"[2] e é condenado pelos Conselhos Regionais de Medicina (CRMs).

Apesar da interferência que fiz, a repórter voltou à pergunta e o secretário repetiu sua resposta da mesma forma. A entrevista concedida por ele foi exibida em um programa popular de televisão (do tipo sensacionalista) em rede nacional e foi motivo de chacota por parte do apresentador. A imagem do secretário ficou congelada na tela, enquanto o apresentador fazia piadas e diversas críticas à fala dele. Algum tempo depois, o secretário foi exonerado do cargo.

Ainda na mesma entrevista, lembro que, enquanto o secretário de saúde falava absurdos, a repórter agia de maneira natural, fazendo "cara de paisagem", sem demonstrar nenhuma surpresa. Isso deixou o secretário mais tranquilo quanto ao conteúdo de sua fala. No entendimento dele, se a jornalista não estava assustada com o que ele estava dizendo, deveria ser porque sua fala não era tão "bombástica" assim. A postura sem alardes da repórter é a que qualifiquei anteriormente como *blasé* e que, no caso da referida entrevista, funcionou muito bem.

---

2 A expressão vem do filme norte-americano *A escolha de Sofia (Sophie's Choice)*, de 1982, do diretor Alan J. Pakula, com Meryl Streep, no papel de uma judia polonesa que tem de escolher entre dois filhos pequenos (um menino e uma menina) qual deles seria sacrificado pelos nazistas e qual seguiria em liberdade com ela.

Saber a hora certa de fazer a pergunta mais espinhosa da entrevista também requer destreza e experiência do jornalista. No Estudo de caso apresentado, a pergunta sobre a escolha dos pacientes foi feita após duas ou três perguntas sem grande importância. O caso serve ainda para demonstrar duas coisas: primeiro, que não existe pergunta que não possa ser feita pelo jornalista e, segundo, quando é delicada, a pergunta deve ser feita em um contexto que a justifique, sem ofender o entrevistado. O secretário não foi ofendido pela repórter, mas a habilidade dela o fez contar o que não devia e confirmar o que não podia. O problema não foi o que ele disse, mas a forma como declarou, dando um sentido negativo à atitude dos médicos intensivistas e contrariando as orientações de sua assessoria.

Cabe salientarmos que as entrevistas não são qualificadas apenas pelas revelações bombásticas que conseguem extrair de seus entrevistados. Existem excelentes entrevistas que, apesar de não apresentarem nenhuma declaração surpreendente, conseguem se transformar em conversas interessantes e atraentes ao público. Quando as perguntas são originais e interessantes, as respostas tendem a ser no mesmo nível. Por isso, o entrevistador deve evitar aquelas perguntas batidas e abordar aspectos interessantes sobre o assunto da entrevista, dar vazão a sua curiosidade e pensar sempre naquilo que o público gostaria de saber se tivesse a oportunidade de estar em seu lugar fazendo aquela entrevista.

As entrevistas gravadas não terminam na produção. Elas ainda precisam ser editadas, ou seja, a ordem das perguntas pode ser alterada, as falas cortadas ou emendadas a outras, as imagens inseridas ou descartadas; tudo isso sem modificar o sentido dado pelo entrevistado em suas declarações. É assim que os editores tornam as entrevistas mais interessantes, eliminado trechos desnecessários, resumindo falas do entrevistado ou até mesmo corrigindo uma frase. Na gíria do jornalismo, é o que se chama de "dar uma penteada".

Perguntas & respostas

Existe um comportamento padrão para o jornalista em relação ao entrevistado?

Cada entrevistado pode demandar uma forma de abordagem. Contudo, o jornalista não deve perder o foco de quatro posturas que deve manter em toda e qualquer entrevista: 1) tratar sempre com respeito seu entrevistado e o tema da entrevista; 2) informar-se o máximo que puder sobre o entrevistado e o tema da entrevista; 3) vestir-se adequadamente, de acordo com o ambiente da entrevista e com o entrevistado; e 4) não esquecer que é ao jornalista que cabe fazer as perguntas, não ao entrevistado.

Oyama (2015) aponta oito tipos de entrevistados difíceis e ensina como lidar com cada um deles:

1. **Hostil** – Agride o repórter por estar com algum problema que nada tem a ver com a entrevista, ou que já teve alguma experiência negativa com outro jornalista. Nesse caso, Oyama (2015) aconselha a não se indispor com o entrevistado, manter a transparência e, se possível, dar-lhe alguma explicação para demonstrar que, na condição de entrevistador, não pode ser responsabilizado por todos os erros que a imprensa comete.

2. **Prolixo** – Não consegue ser objetivo ou acredita que o repórter não está entendendo o que ele está falando. Qualquer que seja o motivo, cabe ao profissional aproveitar a pausa que o entrevistado fará para pedir que ele resuma o que foi dito, a pretexto de conferir se captou a mensagem corretamente.

3. **Evasivo** – Detém informações que não pode ou não quer revelar ou não está disposto a falar, mas foi pressionado por sua assessoria (Oyama, 2015). No primeiro caso, cabe ao jornalista insistir e usar de seu poder de persuasão para convencê-lo a dar declarações. No segundo caso, a indisposição é muito comum entre as celebridades, e cabe a seus assessores escolher o melhor local e horário para a entrevista e preparar o bom humor do seu assessorado. Quanto ao repórter, em situações de indisposição do entrevistado,

ele pode tentar reanimá-lo com perguntas instigantes e bem elaboradas, provocando sua vaidade ou, no caso das celebridades, falando de seus fãs. É importante notar que ser evasivo não é o mesmo que ser disperso ou prolixo.

4. **Disperso** – Divaga por suas lembranças, associando umas com outras, e acaba involuntariamente perdendo o foco da entrevista. Nesse caso, cabe ao repórter pedir ao entrevistado que conclua as ideias que ficaram em aberto. Esse tipo de entrevistado exige maior concentração do repórter, para que a entrevista seja mantida na linha traçada para perguntas e respostas. O jornalista deve retomar o conteúdo da entrevista cada vez que o entrevistado se desviar do assunto.

5. **Já entrevistado diversas vezes** – São as lideranças políticas e os astros mundiais do esporte e das artes. Entrevistados desse tipo devem ser estudados para que o repórter possa extrair respostas mais criativas e menos repetitivas.

6. **Fragilizado pelo luto ou por alguma doença** – Demandam sensibilidade e bom senso. Nesse caso, Oyama (2015) conta uma experiência sua com uma menina de 16 anos, vítima de uma doença terminal que a fez perder as duas pernas e motivou nela uma revolta muito grande. "Aos repórteres cabe reportar – e não agir como árbitros, 'decidindo' destinos, 'poupando' ou deixando de 'poupar' entrevistados" (Oyama, 2015, p. 74).

7. **O entrevistado que "não tem jeito"** – Suas declarações, por motivos diversos, resultam em uma entrevista que é um fracasso incorrigível. A esse respeito, o jornalista e escritor Eduardo Logullo (citado por Oyama, 2015, p. 74) declara: "não dou murro em ponta de faca. Se a entrevista não rende, uso os elementos que observo para compor um perfil, por exemplo". Obviamente, essa tarefa não é para qualquer um; afinal, para fazer jornalismo literário é preciso talento e muito exercício[3].

8. **Criminoso, acusado ou suspeito** – é o último tipo dos entrevistados difíceis, afinal, como questiona Oyama (2015, p. 76), "por que alguém acuado, pressionado e exposto à execração pública, como um acusado de corrupção ou assassinato, aceitaria dar uma entrevista?". Para responder a essa pergunta, a autora recorre às reportagens de Policarpo Júnior que viraram furo no noticiário nacional. De acordo com o experiente jornalista, se o repórter precisa da informação, nunca deve acuar o entrevistado e aconselha os profissionais: "deixe-o concluir que você sabe do que está falando e que, se ele contar apenas a parte que não o prejudica, já é lucro. Mesmo que ele tente minimizar a participação dele, você pode conseguir metade da história. A outra metade você apura com outra fonte" (Policarpo Júnior, citado por Oyama, 2015, p. 79-80).

• • • • •

3   Para os profissionais que desejam se dedicar ao jornalismo literário, Oyama (2015) indica a leitura do texto "A não entrevista de Joel Silveira com Getúlio Vargas", contida em sua obra no capítulo intitulado "Como transformar uma entrevista em um desastre".

Por motivos como esses, o jornalista precisa sempre estar atento a todas as potencialidades de uma boa entrevista.

Síntese

A entrevista é, em princípio, uma conversa entre pelo menos um jornalista e uma ou mais pessoas. De maneira geral, as entrevistas podem apresentar perguntas abertas ou fechadas, estruturadas ou não, de forma oral ou por escrito. Podem, ainda, ser transmitidas ao vivo ou gravadas, em estúdio ou ambiente externo, escrito ou por telefone. Segundo Lage (2001), as entrevistas podem ser classificadas em quatro tipos: ritual, temática, testemunhal e em profundidade. Segundo o autor, quanto às circunstâncias de sua realização, as entrevistas podem ser divididas também em quatro tipos: ocasional, de confronto, coletiva e dialogal. Durante a entrevista, o repórter precisa manter a calma, ser perspicaz, ético e perguntar tudo o que precisa saber.

Para fazer uma boa entrevista, o jornalista deve:

- Preparar-se para a entrevista, pesquisando sobre o tema e sobre o entrevistado.
- Testar e definir o som, o cenário, a iluminação e as posições em que ele e o entrevistado ficarão quando começar a entrevista.
- Explicar para o entrevistado como será a entrevista antes de iniciar a gravação.

- Fazer perguntas simples, objetivas e claras.
- Não deixar de perguntar tudo aquilo que quer saber, com educação e imparcialidade.
- Ouvir o entrevistado, mas sem receio de interrompê-lo quando necessário.
- No caso de entrevistas editadas, observar se o sentido das falas do entrevistado não está sendo alterado.
- Analisar com muito cuidado todo e qualquer pedido de *off*.
- Manter o tempo da entrevista no limite pré-determinado.

Questões para revisão

1. Sobre as entrevistas, podemos dizer que elas **não** podem ser:
    a) Gravadas.
    b) Ao vivo.
    c) Por telefone.
    d) Feitas sem a presença do repórter.

2. As descrições a seguir dizem respeito à entrevista exclusiva, **exceto**:
    a) É dialogal entre o repórter e o entrevistado.
    b) É proposta pelo jornalista e deve se limitar somente aos pontos abordados em suas questões.
    c) É normalmente realizada apenas por um veículo.
    d) Tem valor de *marketing*, embora toda entrevista individual seja exclusiva.

3. Assinale a única alternativa que cita uma situação em que a entrevista por telefone deve ser realizada:
   a) O repórter não quer ir pessoalmente até o entrevistado.
   b) O entrevistado não quer sua imagem exposta na televisão.
   c) O repórter não tem condições de gravar a entrevista pessoalmente.
   d) O entrevistado está muito longe dos estúdios ou da redação.

4. Como deve ser o comportamento do repórter de televisão quando o entrevistado é evasivo?

5. Conversar com criminosos, acusados e suspeitos de infringir a lei constitui um dos mais difíceis tipos de entrevista. Afinal, por que alguém acuado, pressionado e exposto à execração pública, como um acusado de corrupção ou assassinato, por exemplo, aceitaria dar entrevista? Quais são os conselhos possíveis para se conseguir uma boa entrevista com esse tipo de entrevistado?

Para concluir...

Esse livro, desde sua concepção, foi dedicado não só aos estudantes de jornalismo e à prática profissional daqueles que querem trabalhar com televisão, mas também àqueles apaixonados por esse meio de comunicação. O telejornalismo é um dos produtos da televisão, "uma máquina capaz de influenciar a opinião pública", como disse Chateaubriand quando trouxe a invenção para o Brasil, em 1950.

Nosso desejo era ampliar e aprofundar nossa abordagem, entretanto, as limitações óbvias de uma obra como esta nos deixam com aquela sensação de que sempre há algo mais a dizer, a explicar, a discutir, a refletir. Clarice Lispector dizia que "carta é monólogo querendo ser diálogo". Talvez o livro seja algo assim também, uma exposição que pretende conversar com os leitores, uma investigação sobre o que eles pensam, um debate de ideias.

Obviamente, é impossível encontrar todos os leitores desta obra, mas o trabalho de sua construção foi pautado o tempo todo pela seriedade e qualidade, desde as primeiras pesquisas bibliográficas até a finalização gráfica deste exemplar que está em suas mãos. Digital ou em papel, o que importa é que o conteúdo deste livro pode ajudá-lo em sua carreira profissional na televisão.

Procuramos aqui abordar as questões essenciais do telejornalismo e, para isso, utilizamos toda a nossa experiência na televisão e na academia para apresentar uma dissertação fiel aos dados coletados em nossas pesquisas e nas fontes mais confiáveis e atuais. Elaboramos um glossário de termos e palavras técnicas que potencialmente ajudarão os profissionais em formação e os demais interessados a falarem sobre o tema com mais propriedade.

Importante reafirmar que o telejornalismo vive um momento ímpar em sua história, especialmente motivado pelas transformações tecnológicas. O analógico está dando lugar ao digital e isso modificou toda a forma de fazer jornalismo. Na televisão, a tecnologia impactou todas as áreas. Da logística à exibição, passando por pré-produção, reportagens e edição, tudo foi influenciado pela chegada dos equipamentos de apurada qualidade de som e imagem.

Com isso, os receptores também puderam ficar mais exigentes. Empoderada por equipamentos com alta tecnologia 3D e 4D já instalados em suas *Smart TVs* Full HD, a audiência ficou mais seletiva. Além de opções de mais de 180 canais a cabo, serviços de *streaming* com programação especialmente elaborada para a TV e a própria internet oferecem várias alternativas de interação e troca de experiências entre os espectadores. A *crossmedia* e a *transmedia* surgiram como mais um desafio ao telejornalismo, já que reforçaram ainda mais a capacidade de fiscalização e crítica aos produtos da mídia.

Se, por um lado, toda essa tecnologia, que parece não ter fim em suas novidades, gerou claros benefícios, por outro, não é possível ignorar que ela também produziu suas mazelas. Afinal, muitos profissionais da era analógica perderam seus empregos – os operadores de cabo e iluminação no telejornalismo, por exemplo. A mão de obra ficou mais especializada e, consequentemente, mais rara em sua oferta de mercado.

A principal mensagem deste livro para profissionais em formação ou atuantes é: não fiquem parados no tempo, busquem novos conhecimentos e procurem estar atualizados sempre com as novas tecnologias do telejornalismo. Não tenham medo de ir atrás de seus sonhos e preparem-se cada vez mais para um mercado exigente e sempre em busca de bons profissionais.

Por isso, após ler este trabalho, sugerimos a consulta à bibliografia pesquisada para a produção deste livro, referenciada em suas páginas finais. Outra recomendação para aqueles que gostam de televisão e querem trabalhar com esse meio é procurar uma emissora de sua cidade e conseguir autorização para entrar em seus estúdios, redações e demais dependências. Uma visita como essa permite perceber o quanto é amplo esse universo televisivo e o tanto que ainda há por fazer.

Sinceramente, desejamos que você tenha gostado deste livro assim como gostamos de escrevê-lo para você. Ele é o resultado de muito trabalho e também de muita paixão. Esperamos que esse sentimento seja compartilhado por você.

Glossário

Você sabia que em televisão existe cabeça, pé, barriga, foca, *freeze*, furo, quadro e nota? Calma, não estamos falando do corpo humano, de animais, geladeiras, decoração ou dinheiro; mas sim dos termos técnicos e das palavras mais usadas na linguagem dos profissionais desse veículo. Algumas podem diferenciar de uma redação ou praça para outra, mas, no geral, a maioria dos profissionais de televisão utiliza essas expressões com os significados presentes neste glossário[1].

Abertura: Momento inicial do telejornal, quando o apresentador cumprimenta o telespectador e fala a principal manchete do programa. Geralmente isso acontece logo após a entrada da vinheta do telejornal.

Amarrar informações: Dar coerência aos dados pesquisados nas mais diversas fontes, observando de forma segura e sequencial

---

[1] Este glossário foi elaborado com base em nossa experiência com televisão e uma pesquisa em diversos livros e na internet. Dentre as obras consultadas, podemos citar: Paternostro, 2006; Squirra, 1990; Barbeiro, Lima, 2002; Bistane, Bacellar, 2014; Carvalho et al., 2015; Universidade Metodista de São Paulo, 2017; Moraes, 2013; Moura, 2017; Tudo sobre TV, 2017b.

a relação entre as informações pesquisadas pelo repórter, pela apuração e pela chefia de reportagem.

Âncora ou **apresentador**: Profissional que conduz o telejornal. Ele lê várias notícias no estúdio e é o elemento de ligação com os repórteres. O termo *âncora* surgiu em 1948, nos Estados Unidos, e serve para definir o profissional que centraliza todas as informações de uma cobertura jornalística, eventualmente emitindo sua opinião a respeito das notícias apresentadas.

Ao vivo (vv): Transmissão realizada em tempo real, no exato momento em que o fato está acontecendo.

Apuração: Nome popular dado à central informativa das redações. Função exercida por jornalistas, a apuração faz a ronda dos prestadores de serviço à comunidade, como bombeiros, postos rodoviários, defesa civil, prontos-socorros, rodoviárias e aeroportos, polícias civil e militar, enfim, vários órgãos públicos e privados em busca de notícias. É a apuração também que acompanha o noticiário de emissoras de TV concorrentes, rádios, agências de notícias e internet.

Aquário: Estúdio de locução envidraçado.

Assinatura: Encerramento do programa que apresenta os nomes e funções de todos os profissionais envolvidos na produção do telejornal. É o mesmo termo utilizado para aquele momento em que o repórter, com sua imagem na tela, encerra sua reportagem, dizendo seu nome e o local em que se encontra.

Áudio: Todo som do telejornal que, associado ao vídeo, forma uma imagem de TV.

Áudio ambiente: Todo e qualquer som captado no local onde está sendo gravada a reportagem, sem a inserção de narração, como barulhos de trânsito, conversas de pessoas, músicas, barulhos da natureza etc.

***Back light* ou contraluz**: Luz posicionada atrás das pessoas (jornalista, apresentador e entrevistado) no estúdio. Ela é utilizada para enfatizar a profundidade da cena e seu foco é posicionado na altura dos ombros das pessoas.

***Background* (BG)**: Som ambiente de fundo (volume mais baixo) à narrativa do repórter. Também pode ser usado em estúdio, em efeitos de vídeos.

Bancada: Cenário, incluindo os assentos, de onde são apresentados os telejornais. Geralmente variam em forma e número de um programa para outro, especialmente para a participação de algum comentarista.

Bater o branco: Operação para ajustar as câmeras de TV às condições do local de gravação. Para televisão, além de ajustar a luz, o branco é a combinação aditiva, em proporções idênticas, das cores primárias RGB (*red*, *green* e *blue*, ou vermelho, verde e azul).

Bloco: Cada um dos segmentos de notícias dentro do telejornal levados ao ar entre os intervalos comerciais.

Cabeça: É a abertura da notícia, quando o narrador (repórter ou apresentador) procura despertar a atenção do telespectador logo no início. É a introdução para o repórter dar continuidade ao desenvolvimento do texto no corpo da matéria.

Câmera alta (CA): Posicionamento da câmera de filmagem acima da cabeça das pessoas. Mostra a imagem vista de cima, numa altura superior do enquadramento normal de visão.

Câmera baixa (CB): Posicionamento da câmera de filmagem abaixo da altura do ombro das pessoas. Mostra a imagem vista de baixo, numa altura inferior do enquadramento normal de visão.

Câmera lenta ou *slow motion*: Imagens que aparecem em velocidade inferior à de seu movimento normal. Refere-se à imagem e não ao equipamento de filmagem. O efeito *slow motion* é trabalhado na edição.

Câmera rápida ou *quick motion*: Imagens que aparecem em velocidade superior à de seu movimento normal.

Canopla: Peça, geralmente feita em resina ou acrílico (podendo ser confeccionada em outros materiais), que contém o logotipo da emissora, e que envolve parte do microfone. Pode ter vários formatos. Os mais comuns são os cúbicos, quadrados e triangulares.

Caracteres: Letras, palavras, números e símbolos que aparecem no vídeo para apresentar informações sobre pessoas, lugares, objetos ou dados que se quer destacar.

Cena ou *take*: Conjunto de planos relacionados a uma mesma ação.

Cenário virtual: Ambiente criado por computadores, com o uso de *softwares* específicos e, às vezes, combinado às imagens gravadas pelas câmeras.

Chamada: *Flash* gravado sobre alguma matéria ou telejornal que serve para despertar a curiosidade do telespectador sobre determinado fato. Texto com frases curtas que antecipa os assuntos que serão tratados no telejornal.

Chicote ou *whip pan*: Movimento rápido que deixa a imagem embaralhada.

Chroma: Principal controle da cor, medida de intensidade e qualidade da cor da imagem eletrônica.

Chroma key: Efeito técnico que permite a inserção de imagens em um painel (azul ou verde) colocado geralmente ao fundo dos apresentadores no estúdio. Está sendo substituído pelo *Newsmatte*, que apresenta melhores definições e potencial de uso.

Cinegrafista: Profissional que trabalha na operação de câmeras de vídeo.

Cintilação: Ruído ou defeito que faz a imagem parecer tremida.

Congelamento, *freeze* **ou** *frisar*: Técnica utilizada para destacar um detalhe importante do movimento colocando a imagem parada no vídeo.

Contraluz: Recurso de iluminação que consiste em colocar uma luz em posição contrária à luz principal no estúdio iluminando o objeto ou pessoa em silhueta.

Contraplano: Recurso de imagem gravado na reportagem e usado pela edição. Refere-se à posição do repórter em relação ao entrevistado. A imagem em contraplano mostra o repórter em *close* ou primeiro plano fazendo uma pergunta ou ouvindo atentamente o seu entrevistado.

Coordenador de rede: Profissional responsável pela organização do fluxo das matérias geradas pelas sucursais ou afiliadas. Faz a distribuição das pautas, acompanha a realização das reportagens e define o *deadline* para receber o conjunto de gerações das praças. Segundo Barbeiro e Lima (2002, p. 65), "A integração das praças deve funcionar como se a redação fosse uma só espalhada por todos os lugares onde existem afiliadas, respeitadas as peculiaridades de cada uma".

Crawl[2]: Caracteres que aparecem na parte inferior da tela, em movimento da direita para a esquerda, com informações durante os telejornais. Quando os caracteres sobem no vídeo, chamamos de *roll* (rolar, em inglês).

Créditos: Ficha técnica em que são apresentados os nomes dos principais profissionais e de outras pessoas responsáveis pelo telejornal.

Cue[3]: Sinal utilizado para indicar o início de um programa ou marcação para entrada da fala do apresentador ou de cada um dos apresentadores do telejornal. Recurso da produção para marcar pontos de edição. Atualmente, a marcação de *cue* foi substituída pelo *time code*.

Deadline: Prazo para o repórter entregar à emissora o material gravado de sua reportagem. Indica também o prazo de fechamento do telejornal, quando todas as matérias deverão estar prontas para ir ao ar.

---

2   Palavra inglesa que significa "rastejar".
3   Palavra inglesa que significa "sugestão".

Debate: Discussão entre duas ou mais pessoas com o objetivo de apresentar e esclarecer opiniões ou ideias divergentes sobre determinado assunto. Espaço constituído por duas partes, o moderador e os debatedores, no qual se apresentam os argumentos e se esclarecem as dúvidas de cada um dos lados.

Decupagem: Seleção de imagens e/ou sons de um material bruto. Do francês *découper*, é um ato de recortar, selecionar e descrever tudo o que foi gravado em áudio e vídeo. Tecnicamente, começa pela descrição dos planos (enquadramentos), depois passa aos movimentos mecânicos e óticos, e à descrição de cenas e de áudio (*off* e sonoras).

Diretor de jornalismo: Profissional responsável pela linha editorial da emissora. Participa da direção da empresa e é dele a palavra final sobre a contratação e demissão de um jornalista. O diretor de jornalismo também é uma espécie de "cancela da ponte" entre os interesses comerciais e o jornalismo.

Dissolve: Efeito visual, também chamado de *fusão*. Faz uma imagem ir desaparecendo, enquanto outra vai surgindo no seu lugar. É usado para marcar passagem de tempo, mudança de comportamento psíquico, interligar planos de uma mesma cena ou mudanças de cenário, dentre outros motivos.

Dolly: Estrutura com rodas sobre a qual é montado um tripé ou pedestal que sustenta uma câmera de televisão.

Dolly in e **dolly out**: Movimento feito com a *dolly*, aproximando-se (*in*) ou afastando-se (*out*) do sujeito ou objeto filmado.

Drop out[4]: Defeito na imagem causado pela ausência de óxido na fita magnética utilizada no sistema analógico. O problema não pode ser visto a olho nu na fita, mas na imagem aparecem pontos ou listras.

Editor: Profissional encarregado de fazer as montagens dos telejornais, decidindo as notícias que vão ao ar, inserindo informações de áudio e vídeo para o resultado final. É o editor também quem comanda os profissionais que fazem a edição de som e imagem dos telejornais.

Editor-chefe: Profissional responsável direto por um telejornal. É ele quem escolhe as reportagens que serão exibidas e responde pelos acertos e erros do programa. Segundo Barbeiro e Lima (2002, p. 55), "O editor-chefe faz avaliação crítica da qualidade das matérias produzidas e debate o resultado com a pauta e a chefia de reportagem".

Editorial: Texto que expressa a opinião (posição) da emissora de TV sobre determinado assunto.

---

4   Expressão inglesa que significa "cair fora".

Efeito: Modificação de áudio ou vídeo feita sobre o material original.

Encerramento: Final de um telejornal (e de outros programas de TV), quando são exibidos os créditos e a vinheta de fechamento. Parte final de uma matéria jornalística.

Enquadramento: Delimitação da imagem considerando-se a figura humana ou objetos, mais próximos ou mais distantes, dentro dos limites do vídeo da TV.

Enxugar: Ato de reescrever um texto, eliminando todas as palavras ou informações desnecessárias. O objetivo é tornar o texto mais claro, conciso, objetivo e de fácil compreensão.

Escalada: Frases curtas narradas na abertura do telejornal pelo apresentador e que provocam algum impacto, anunciando as principais matérias da edição. Série de chamadas que anunciam as principais matérias da edição do telejornal.

Espelho: Organização das matérias, notas, chamadas, escaladas etc. de um telejornal e definição dos assuntos prioritários, da ordem das matérias e do tempo de cada uma no programa, além dos intervalos comerciais e as responsabilidades profissionais sobre cada matéria.

Estourar: Ato de ultrapassar o tempo preestabelecido para a entrada de um repórter ao vivo. Também se diz daquele programa ao vivo que ultrapassa o tempo previsto na grade de programação da emissora.

Estúdio: Local destinado a gravações de entrevistas e apresentações de telejornais.

Exclusividade: Cobertura feita por uma só emissora, após acordos comerciais entre ela e a fonte de notícia, ou graças à agilidade da equipe de reportagem.

Externa: Qualquer filmagem ou entrevista feita fora do estúdio ou em local aberto (ao ar livre).

Fade: Efeito de clarear ou escurecer uma imagem. O *fade in* (em inglês, "desvanecer-se") é o clareamento da imagem, a partir de uma tela completamente escura. O *fade out* é o contrário, ou seja, o escurecimento progressivo da imagem até que a tela fique completamente escura.

Fading: Completa ausência de imagem no ar, resultante de alguma falha técnica, manutenção de transmissores ou danos externos (da natureza, por exemplo) causados à tecnologia de transmissão.

Fill light ou **luz de preenchimento**: Luz suave que serve para preencher as sombras criadas pela luz principal (luz-chave).

Foca: Jornalista recém-formado e sem experiência de mercado, em início de carreira.

Foco: Nitidez de uma imagem, visão de um objetivo bem definido, centro e ponto de convergência de luz.

Fonte de informação: Toda e qualquer pessoa, instituição (pública ou privada) capaz de fornecer informações corretas ao repórter para elaboração de uma matéria.

Footcandle: Unidade de luz incidental como a luz produzida por uma vela, a uma distância de 12 polegadas (30 cm ou 1 pé).

Frame: Cada um dos quadros ou imagens fixas de um produto audiovisual; foto; moldura. A ideia é que as cenas da televisão são formadas por *frames* (quadros) que são exibidos em sequência, dando a impressão do movimento. O *freeze* é o quadro parado.

Freeze: Congelamento da imagem que está no ar.

Furo: Notícia de grande importância divulgada por um jornalista ou emissora antes de todos os outros, em primeira mão.

Gancho: Modo de contextualizar a matéria e relacionar o assunto da pauta à realidade do leitor; é quase sempre um *lead*.

Gerador de caracteres (GC): Equipamento utilizado na produção de letras, números e outros símbolos a serem inseridos no vídeo, auxiliando nas informações da matéria.

Grua: Equipamento de suporte e movimento, capaz de levantar a câmera a partir do chão até uma altura de mais de 3 m. Algumas gruas funcionam como verdadeiros guindastes, erguendo além da câmera o próprio cinegrafista em movimentos aéreos horizontais, diagonais e verticais.

Ilha de edição: Lugar que reúne os equipamentos necessários para a edição do telejornal e onde o material bruto (imagens e sons captados nas reportagens) é transformado para ir ao ar no tempo necessário.

Infográfico: Apresentação de informações formada por elementos gráfico-visuais, tais como: fotografias, desenhos, tabelas, diagramas e mapas, dentre outros, integrados com textos curtos e números, geralmente utilizado como complemento ou síntese ilustrativa de uma notícia.

Insert: Ação de inserir som ou imagem em um intervalo de tempo previamente editado. É como cobrir um espaço vazio na edição. Trata-se da inclusão de pequena informação em matéria já editada em ponto definido, sem interferir no resto da matéria.

Institucional: Tipo de produção cujo objetivo não é a venda direta de algum produto ou serviço, mas a criação de uma imagem favorável da marca, empresa, instituição, produto ou serviço.

Interna: Gravação feita em ambientes fechados ou em estúdios.

Intervalo: Espaço existente entre dois programas ou blocos de um telejornal, geralmente preenchido por publicidade e propaganda.

Key light: Luz-chave, principal fonte de iluminação utilizada nos estúdios de gravação.

Lapadas: Pequenos textos apresentados em sequência de imagens em *wipe*, que dão um panorama sobre determinado assunto. Nos telejornais os apresentadores costumam anunciar como um rápido giro de notícias interessantes ou curiosas, que por serem curtas, não valem um VT sozinho.

Link: Ligação entre o estúdio e uma unidade externa geradora de sinal de sons e imagens para transmissões ao vivo. Geralmente os *links* são constituídos por um veículo (tipo furgão), com antenas de transmissão acopladas em seus tetos e com equipamentos para edição de sons e imagens no seu interior.

Locação: Qualquer lugar utilizado para gravações, fora das instalações do estúdio. As locações podem ser externas ou internas.

Lux: Mínimo de iluminação que uma câmera de televisão consegue registrar. Um lux equivale à décima parte da chama de luz de uma vela, numa distância de 12 polegadas (30 cm).

Luz de *tally*: Luzes de sinalização instaladas nas câmeras – geralmente em estúdios – para informar quando a câmera está no ar.

Se a *luz de tally* estiver apagada é porque as imagens captadas pela câmara não estão no ar, mas a câmara continua ligada captando sons e imagens que a qualquer momento poderão ser levadas ao ar.

Luz dura: Luz que deixa fora de seu foco uma sombra nítida.

Luz mista: Mistura da luz natural com a luz artificial.

Luz *soft*: Luz suave e sem sombras, ao contrário da luz dura.

Manchete: Texto conciso que contém uma informação importante o bastante para atrair a atenção do telespectador para a notícia que virá a seguir. Na escalada, é a primeira informação levada ao ar.

Máscara: Efeito utilizado na imagem que cria a sensação de que o olho do personagem se aproximou de algum objeto, como o buraco de fechadura, binóculos ou frestas de uma cortina.

Matéria: Nome genérico para identificar todo material jornalístico (notícia, artigo, reportagem, entrevista) produzido e relatado, de interesse para o público, nos veículos de comunicação.

Matriz: Fita (analógico) ou o disco (digital) com as gravações originais captadas pela câmera.

Microfone: Aparelho que converte ondas sonoras em sinais elétricos, permitindo a ampliação de sons.

Microfone *boom*: Aparelho de braço comprido, geralmente posicionado fora da área de enquadramento da câmera. Pode ser usado tanto em internas quanto em externas.

Microfone cardioide: Aparelho cujo campo de captação sonora tem a forma de um coração. É muito sensível aos sons que chegam frontalmente e pouco eficientes para captar sons provenientes da parte lateral e menos ainda da parte de trás do aparelho. É indicado para a prática de reportagens externas, pois elimina boa parte dos ruídos indesejáveis. Em estúdio, é indicado para captar sons separados de instrumentos musicais de uma orquestra, por exemplo, ou para evitar ecos comuns em ambientes fechados.

Microfone de lapela: Aparelho pequeno e delicado, também chamado de microfone de *lavalier* (lapela, em francês), colocado geralmente na lapela do paletó, na gravata, na gola ou decote próximo ao pescoço. É um microfone ominidirecional (capta sons em 360°) e é usado em entrevistas e apresentações de telejornais. Uma de suas vantagens é deixar as mãos de quem o utiliza livres.

Microfonia: Aparecimento de sons agudos ou graves, vibratórios e diferentes quando um microfone é colocado próximo a um alto-falante ou a uma caixa de som. O som de zumbidos e agudos chegam a doer os ouvidos. Quando os microfones ficam muito perto da fonte de som, o barulho é transformado em um som grave como se emitisse a palavra "fommmm".

Nota: Notícia curta destinada à informação do fato, sem muitos detalhes.

Nota coberta: Notícia lida pelo apresentador do telejornal sobre algum acontecimento, enquanto as imagens referentes vão aparecendo no vídeo.

Nota-pé: Texto curto utilizado para o encerramento de matéria. É lido no vídeo geralmente pelo apresentador do telejornal ou pelo repórter, e tem como função fechar a matéria, dando ao telespectador alguma informação complementar que não foi dita na reportagem ou no boletim.

Nota seca: Notícia lida pelo apresentador do telejornal, sem nenhuma ilustração ou outras imagens, feita da própria bancada.

Notícia: Relato de um fato jornalístico de interesse e importância para a sociedade.

Off: Vozes ou sons presentes numa gravação sem a identificação em imagem da fonte geradora. Muito usado em reportagens, é um texto gravado pelo repórter sem que a imagem dele apareça.

Passagem: Parte de ligação entre um trecho da reportagem e outro, na qual aparece a figura do repórter falando. A passagem, a entrevista e o *off* constituem os três principais elementos textuais da reportagem.

Pauta: Descrição dos assuntos e orientações a serem produzidos pela reportagem.

Pedestal: Suporte para microfone ou câmera do tipo *dolly* (nesse caso, o equipamento é muito pesado e permite fazer movimentos verticais com a câmera, enquanto a imagem está no ar).

Piloto: Programa produzido em caráter experimental.

Praticável: Base de madeira ou de alumínio usada para montar cenários e equipamentos.

Preview: Exame de cortes e efeitos especiais visualizados antes de serem levados ao ar ou utilizados na edição de uma matéria ou programa.

Quadro: Cada uma das imagens de televisão. No Brasil as televisões podem transmitir até 60 quadros por segundo (qps). Em inglês *frames per second* (fps), que significa o número de imagens que a TV registra, processa ou exibe por segundo.

Rabicho: Locução feita em *off* no final dos programas, geralmente de caráter informativo ou promocional, durante a transmissão dos créditos e da ficha técnica.

Redondo: Adjetivo usado quando o trabalho jornalístico está completo, coerente, objetivo e interessante.

Relatório de reportagem: Texto escrito pelo repórter no qual consta a cabeça da matéria, o *off*, a passagem e as entrevistas, e que serve como roteiro para o editor de texto editar a matéria.

Reportagem: Conjunto de ações planejadas necessárias à elaboração de uma matéria. É composta por pesquisa, produção, apuração, entrevista externa e edição das informações essenciais do acontecimento noticiado.

Repórter cinematográfico: Profissional que trabalha na captura de imagens e sons externos (fora dos estúdios). Geralmente acompanha o repórter (de texto) em entrevistas e reportagens. Ao contrário do cinegrafista, o repórter cinematográfico é uma função exclusiva de jornalista.

Script: Conjunto das laudas redigidas e devidamente marcadas que contêm as matérias que serão levadas ao ar no telejornal. Roteiro a ser seguido pelos apresentadores e acompanhado pelos demais técnicos envolvidos na edição e exibição do telejornal.

Sobe som: Comando que indica o momento em que o técnico (sonoplasta) deve colocar no ar o som da edição em VT. Esse comando também pode ser utilizado durante uma reportagem quando se quer demonstrar como está o som ambiente.

Soft light: Projetor do tipo *floodlight* (holofote) de abertura larga, usado para produzir uma iluminação difusa (sem foco direto).

Sonoras: Entrevistas gravadas durante a reportagem. Antes de gravar, o repórter deve estar atento, pois é nesse momento que, geralmente, o cinegrafista gravará imagens da entrevista e os contraplanos para posterior edição.

Stand by[5]: Ato de estar presente, estar ao lado, estar de prontidão, estar em espera. No telejornal, o *stand by* se caracteriza quando o jornalista está de plantão ou quando o repórter fica de sobreaviso para sua entrada no ar ao vivo, podendo ser chamado a qualquer momento.

Stand up: Notícia sem ilustrações feita pelo repórter fora da bancada, podendo vir ou não acompanhada de alguma entrevista.

Teaser: Pequena chamada ou manchete de uma notícia, geralmente gravada pelo repórter, que é inserida na escalada do telejornal.

Telecine (TC): Equipamento que transfere a imagem e o som dos filmes para uma fita de videoteipe ou diretamente para o ar, no caso dos filmes transmitidos pela televisão.

---

5   Expressão inglesa formada pela junção de duas palavras que significa *em espera* ou *o ato de esperar*. *Stand* significa parada, pausa e descanso; enquanto *by* é o mesmo que "perto de, ao lado de, por meio de".

Teleprompter: Aparelho que, mediante jogo de espelhos, reflete o texto a ser lido pelos apresentadores de TV mostrando-o para que eles possam ler as falas extensas, sem tirar os olhos da câmera. Graças ao *teleprompter*, os apresentadores dos telejornais dão a impressão de que estão falando sem ler.

TOP: Termo utilizado em televisão para designar o tempo que falta para a entrada de um programa no ar (geralmente de 8 segundos). O TOP é usado para sincronizar as diversas emissoras e retransmissoras da mesma rede.

Videorreportagem: Reportagem feita pelo repórter sozinho. Ele (denominado *videorrepórter* ou *repórter abelha*) filma, entrevista, conta a história, edita e até apresenta a reportagem que fez sem ajuda de mais ninguém. A videorreportagem contrapõe-se à equipe tradicional que reúne repórter, produtor, editor, cinegrafista, iluminador, responsável pelo áudio e motorista.

Vinheta: Recurso gráfico ou sonoro utilizado para marcar a abertura ou intervalo de programas.

Wipe: Efeito em que uma imagem sai da tela para entrada de outra.

Referências

ABTA – Associação Brasileira de Televisão por Assinatura. **Dados do setor**. Disponível em: <http://www.abta.org.br/dados_do_setor.asp>. Acesso em: 28 set 2017.

ALMEIDA, H. B. de. **Telenovela, consumo e gênero**. Bauru: Edusc, 2003.

ALMEIDA, A. M. F. A noção de capital cultural é útil para se pensar o Brasil? In: PAIXÃO, L. P.; ZAGO, N. (Org.). **Sociologia da educação**: pesquisa e realidade. Petrópolis: Vozes, 2007. p. 44-59.

AMARAL, L. História do telejornal. **Danila Bernardes**. 15 out. 2009. Disponível em: <http://danilabernardes.blogspot.com.br/2009/10/historia-do-telejornal.html#!/2009/10/historia-do-telejornal.html>. Acesso em: 21 set. 2017.

AMARAL, M. Saiba como é medida a audiência da televisão brasileira. **Techtudo**, 9 nov. 2012. Disponível em: <http://www.techtudo.com.br/noticias/noticia/2012/11/saiba-como-e-medida-audiencia-da-televisao-brasileira.html>. Acesso em: 18 set. 2017.

ANGRIMANI, D. **Espreme que sai sangue**: um estudo do sensacionalismo na imprensa. São Paulo: Summus, 1994.

ANTUNES, E. Narrativa. In: FRANÇA, V., MARTINS, B. G.; MENDES, A. M. **Grupo de Pesquisa em Imagem e Socialibidade (GRIS)**: trajetória, conceitos e pesquisa em comunicação. Belo Horizonte: Ed. da UFMG, 2014, p.114-118.

ARAÚJO, G. F. **Protagonismo da classe C na avenida chamada Brasil**: representações, enquadramentos e empoderamentos da realidade na ficção da telenovela. 282 f. Tese (Doutorado em Comunicação Social) – Faculdade de Filosofia e Ciências Humanas, Universidade Federal de Minas Gerais, Belo Horizonte, 2016. Disponível em: <http://www.bibliotecadigital.ufmg.br/dspace/bitstream/handle/1843/BUBD-AA9NYE/tese_gilvan_f03_web.pdf?sequence=1>. Acesso em: 13 set. 2017.

ARAÚJO, G. F. **Queixas comunicacionais**: significados expressos na troca de cartas entre os usuários e o Hospital Municipal Odilon Behrens. 160 f. Dissertação (Mestrado em Comunicação Social) – Faculdade de Filosofia e Ciências Humanas, Universidade Federal de Minas Gerais, Belo Horizonte, 2006. Disponível em: <http://www.bibliotecadigital.ufmg.br/dspace/bitstream/handle/1843/VCSA-6W9JAR/disserta__o_gilvan.pdf?sequence=1>. Acesso em: 13 set. 2017.

ARBEX JÚNIOR, J. **Showrnalismo**: a notícia como espetáculo. São Paulo: Casa Amarela, 2001.

BARBEIRO, H.; LIMA, P. R. de. **Manual de telejornalismo**: os segredos da notícia na TV. Rio de Janeiro: Elsevier, 2002.

BATESON, G. Uma teoria sobre brincadeira e fantasia. In: RIBEIRO, B. T.; GARCEZ, P. M. (Org.). **Sociolinguística interacional**. 2. ed. São Paulo: Loyola, 2002. p. 85-105.

BECHARA, E. **Moderna gramática portuguesa**. 38. ed. rev. e ampl. Rio de Janeiro: Nova Fronteira, 2015.

BERGAMO, A. A reconfiguração do público. In: RIBEIRO, A. P. G.; SACRAMENTO, I.; ROXO, M. (Org.). **História da televisão no Brasil**: do início aos dias de hoje. São Paulo: Contexto, 2010. p. 59-83.

BERGER, P. L.; LUCKMANN, T. **A construção social da realidade**. Petrópolis: Vozes, 2003.

BISTANE, L.; BACELLAR, L. **Jornalismo de TV**. São Paulo: Contexto, 2014.

BONI, F. A. **TV digital**: o aparelho e a representação do real na edição de imagens no telejornalismo. Dissertação (Mestrado em Comunicação) – Universidade Estadual de Londrina, Londrina, 2009.

BOURDIEU, P. **O poder simbólico**. 14. ed. Rio de Janeiro: Betrand Brasil, 2010.

_____. **Sobre a televisão**. Rio de Janeiro: J. Zahar, 1997.

BRANDÃO, C. As primeiras produções teleficcionais. In: RIBEIRO, A. P. G.; SACRAMENTO, I.; ROXO, M. (Orgs.). **História da televisão no Brasil**: do início aos dias de hoje. São Paulo: Contexto, 2010.

BRENTANO, L. Faturamento de TV por assinatura supera o de TV aberta no Brasil. **Globo.com**, 24 jul. 2012. Disponível em: <http://g1.globo.com/economia/noticia/2012/07/faturamento-de-tv-por-assinatura-supera-o-da-tv-aberta-no-brasil.html>. Acesso em: 28 set. 2017.

BRIGGS, A.; BURKE, P. **Uma história social da mídia**: de Gutenberg à internet. Rio de Janeiro: Zahar, 2004.

BRITTOS, V. C.; SIMÕES, D. G. A reconfiguração do mercado de televisão pré-digitalização. In: RIBEIRO, A. P. G.; SACRAMENTO, I.; ROXO, M. (Org.). **História da televisão no Brasil**: do início aos dias de hoje. São Paulo: Contexto, 2010.

CABRAL, A. M.; PEREIRA JÚNIOR, A. E. V.; BARROS, M. A. de. Telejornalismo: da edição linear à digital, algumas perspectivas. **ECO-pós**, Rio de Janeiro, v. 12, n. 2, p. 160-174, maio/ago. 2009. Disponível em: <https://revistas.ufrj.br/index.php/eco_pos/article/view/955/895>. Acesso em: 20 set. 2017.

CAPPARELLI, S.; LIMA, V. A. **Comunicação & televisão**: desafios da pós-globalização. São Paulo: Hacker, 2004.

CARVALHO, A. et al. **Reportagem na TV**: como fazer, como produzir, como editar. São Paulo: Contexto, 2015.

CEI – Centro Espírita Ismael. **Exercício para dicção e impostação da voz**. Disponível em: <http://www.ceismael.com.br/oratoria/exercicio-ortofonia.htm>. Acesso em: 18 set. 2017.

CORDAS E VOCAL. **Voz**. Disponível em: <http://cordasevocal.com/voz/>. Acesso em: 18 set. 2017.

FECHINE, Y.; FIGUERÔA, A. Cinema e televisão no contexto da transmediação. In: RIBEIRO, A. P. G.; SACRAMENTO, I.; ROXO, M. (Org.). **História da televisão no Brasil**: do início aos dias de hoje. São Paulo: Contexto, 2010.

FERREIRA, W. R. V. O espectro do tautismo ronda a TV Globo. **Cinema Secreto: Cinegnose**. 23 maio 2013. Disponível em: <http://cinegnose.blogspot.com.br/2013/05/o-espectro-do-tautismo-ronda-tv-globo.html>. Acesso em: 18 set. 2017.

FRANÇA, V. R. V. A televisão porosa traços e tendências. In: FREIRE FILHO, J. **A TV em Transição**: tendências de programação no Brasil e no mundo. Porto Alegre: Sulina, 2009.

_____. (Org.). **Narrativas televisivas**: programas populares na TV. Belo Horizonte: Autêntica, 2006a.

FRANÇA, V. R. V. Sujeito da comunicação, sujeito em comunicação. In: GUIMARÃES, C.; FRANÇA, V. R. V. (Org.). **Na mídia, na rua**: narrativas do cotidiano. Belo Horizonte: Autêntica, 2006b. p. 61-88.

FRANGE, C. Styling: mapeando o território. In: FAÇANHA, A.; MESQUITA, C. (Org.). **Styling e criação de imagem de moda**. São Paulo: Editora Senac, 2012.

GARCIA. A. **Como melhorar a sua dicção?** Disponível em: <http://www.acaciogarcia.com.br/artigos/como-melhorar-a-sua-diccao-/>. Acesso em: 18 set. 2017.

HOUAISS, A.; VILLAR, M. de S. **Dicionário eletrônico Houaiss da língua portuguesa**. versão 3.0. Rio de Janeiro: Instituto Antônio Houaiss; Objetiva, 2009. 1 CD-ROM.

INSTITUTO DE PESQUISA DATA POPULAR. **Faces da classe média**. 2014. Disponível em: <http://old.secovi.com.br/files/Arquivos/faces-da-classe-media-secovi-midia.pdf>. Acesso em: 15 set. 2017.

JOFFILY, R.; ANDRADE, M. de. **Produção de moda**. Rio de Janeiro: Senac, 2011.

KANTAR IBOPE MEDIA. **Dados de audiência nas 15 praças regulares com base no ranking consolidado**: 04/07 a 10/07. 12 jul. 2016. Disponível em: <https://www.kantaribopemedia.com/dados-de-audiencia-nas-15-pracas-regulares-com-base-no-ranking-consolidado-0407-a-1007/>. Acesso em: 18 set. 2017.

LAGE, N. **A reportagem**: teoria e técnica de entrevista e pesquisa jornalística. Rio de Janeiro: Record, 2001.

LANA, L. C. de C. **Para além do sensacionalismo**: uma análise do telejornal Brasil Urgente. Rio de Janeiro: E-papers, 2009.

LEAL, D. **Concordância verbal**. Universidade Federal de Minas Gerais, Faculdade de Letras. Disponível em: <http://www.letras.ufmg.br/arquivos/matte/textolivre/tutoriais/gramatica/Dora/ConcordanciaVerbal.pdf>. Acesso em: 19 set 2017.

LIMA, N. Showrnalismo. **Observatório da Imprensa**, 29 out. 2001. Disponível em: <http://www.observatoriodaimprensa.com.br/artigos/asp3110200192.htm>. Acesso em: 15 set. 2017.

LOPES, K. Levando o português a sério. **Concordância verbal**. 30 nov. 2008. Disponível em: <http://keyllalopes.blogspot.com.br/2008/11/vamos-estudar-mais.html>. Acesso em: 19 set. 2017.

LOPES, M. I. V. de et al. Das ficções às conversações: a transmidiação do conteúdo ficcional na fan page da Globo. In: LOPES, M. I. V. de (Org.). **Estratégias de transmidiação na ficção televisiva brasileira**. Porto Alegre: Sulina, 2013. p. 135-177.

LUHMANN, N. **A realidade dos meios de comunicação**. São Paulo: Paulus, 2005.

_____. **Soziale systeme**. Frankfurt/Main: Suhrkamp, 1984.

MARTÍN-BARBERO, J. **Dos meios às mediações**: comunicação, cultura e hegemonia. 6. ed. Rio de Janeiro: Ed. da UFRJ, 2009.

MATTOS, S. **História da televisão brasileira**: uma visão econômica, social e política. 3. ed. Petrópolis: Vozes, 2008.

MELO, M. Entrevista com a professora Marcela Melo concedida a Gilvan Araújo. Belo Horizonte. 7 dez. 2016.

MEMÓRIA GLOBO. **Caso Time-Life**. 1962/1971. Disponível em: <http://memoriaglobo.globo.com/acusacoes-falsas/caso-time-life.htm>. Acesso em: 15 set. 2017.

MENDONÇA, K. Em "Linha Direta" com os novos padrões para o telejornalismo. In: RIBEIRO, A. P. G.; SACRAMENTO, I.; ROXO, M. (Org.). **História da televisão no Brasil**: do início aos dias de hoje. São Paulo: Contexto, 2010.

MICELI, S. O papel político dos meios de comunicação de massa. In: SCHWARTZ, J.; SOSNOWSKI, S. (Org.). **Brasil**: o trânsito da memória. São Paulo: Edusp, 1994.

MIRA, M. C. O moderno e o popular na TV de Silvio Santos. In: RIBEIRO, A. P. G.; SACRAMENTO, I.; ROXO, M. (Org.). **História da televisão no Brasil**: do início aos dias de hoje. São Paulo: Contexto, 2010. p. 159-175.

MORAES, T. Mini-glossário do telejornalismo. **Casa dos focas**, 3 mar. 2013. Disponível em: <http://www.casadosfocas.com.br/mini-glossario-do-telejornalismo/>. Acesso em: 21 set 2017.

MOREIRA, E. A nova cara do consumidor de TV por assinatura no Brasil. **Spin Off**, 24 abr. 2013. Disponível em: <https://www.spinoff.com.br/a-nova-cara-do-consumidor-de-tv-por-assinatura-no-brasil/>. Acesso em: 28 set. 2017.

MORENO, V. Globo fecha 2012 com pior ibope da história; Record mantém vice-liderança. **F5**, 2 jan. 2013. Televisão. Disponível em: <http://f5.folha.uol.com.br/televisao/1209082-globo-fecha-2012-com-pior-ibope-da-historia-record-mantem-vice-lideranca.shtml>. Acesso em: 18 set. 2017.

MOURA, M. F. C. de. Glossário. **Jornalismo e produção em TV**. Disponível em: <http://www.sitetj.jor.br/glossario.asp>. Acesso em: 21 set. 2017.

NEIVA JUNIOR, E. **A imagem**. São Paulo: Ática, 1994.

NORMA CULTA. **Discurso direto e indireto**. Disponível em: <http://www.normaculta.com.br/discurso-direto-e-indireto>. Acesso em: 20 set. 2017.

OYAMA, T. **A arte de entrevistar bem**. 2. ed. São Paulo: Contexto, 2015.

PATERNOSTRO, V. I. **O texto na TV**: manual de telejornalismo. Rio de Janeiro: Elsevier, 2006.

PORTAL SÃO FRANCISCO. **História da televisão no Brasil**. Disponível em: <http://www.portalsaofrancisco.com.br/historia-geral/historia-da-televisao-no-brasil>. Acesso em: 14 set. 2017.

PUCCI JÚNIOR, R. L. **Avenida Brasil**: o lugar da transmidiação entre as estratégias narrativas da telenovela brasileira. In: LOPES, M. I. V. de. (Org.). **Estratégias de transmidiação na ficção televisiva brasileira**. Porto Alegre: Sulina, 2013.

RADIODIFUSÃO & NEGÓCIOS. **História da televisão**: TV no mundo. Disponível em: <http://radiodifusaoenegocios.com.br/radiodifusao/historia-da-televisao-tv-no-mundo/97>. Acesso em: 19 set. 2017.

ROSA, L. da. Semelhança entre as línguas árabe e ugarítica. **A Bíblia.org**, Uma janela sobre o mundo bíblico. 15 maio 2010. Disponível em: <http://www.abiblia.org/ver.php?id=1035>. Acesso em: 15 set. 2017.

ROXO, M. A volta do "jornalismo cão" na TV. In: RIBEIRO, A. P. G.; SACRAMENTO, I.; ROXO, M. (Orgs.). **História da televisão no Brasil**: do início aos dias de hoje. São Paulo: Contexto, 2010. p. 177-195.

SANTAELLA, L. O paroxismo da auto-referencialidade nos games. In: SANTAELLA, L.; FEITOZA, M. **Mapa do jogo**: a diversidade cultural dos games. São Paulo: Cengage Learning, 2008. p. 51-67.

SFEZ, L. **Crítica da comunicação**. São Paulo: Loyola, 2000.

SODRÉ, M. **Antropológica do espelho**: uma teoria da comunicação linear e em rede. Petrópolis: Vozes, 2002.

SOUZA, F.; PIVETA, P. A edição em TV na fase digital. In: ENCONTRO NACIONAL DE HISTÓRIA DA MÍDIA UNICENTRO, 8., 2011, Guarapuava. Disponível em: <http://www.ufrgs.br/alcar/encontros-nacionais-1/8o-encontro-2011-1/artigos/A%20edicao%20em%20TV%20na%20fase%20digital.pdf/at_download/file>. Acesso em: 20 set. 2017.

SQUIRRA, S. **Aprender telejornalismo**: produção e técnica. São Paulo: Brasiliense, 1990.

TELECO. Seção: telefonia celular. **Estatísticas de celulares no Brasil**. Disponível em: <http://www.teleco.com.br/ncel.asp>. Acesso em: 18 set. 2017.

TUDO SOBRE TV. A **história da televisão no Brasil**. Disponível em: <http://www.tudosobretv.com.br/histortv/historbr.htm>. Acesso em: 14 set. 2017a.

_____. **Glossário**. Disponível em: <http://www.tudosobretv.com.br/glossa/>. Acesso em: 21 set. 2017b.

UNIVERSIDADE METODISTA DE SÃO PAULO. Telejornalismo. Manual de redação. **Glossário**. Disponível em: <http://jornal.metodista.br/tele/manual/glossario.htm>. Acesso em: 21 set. 2017.

VILLELA, F. IBGE: 40% dos brasileiros têm televisão digital aberta. **EBC**: Agência Brasil, 6 abr. 2016. Disponível em: <http://agenciabrasil.ebc.com.br/geral/noticia/2016-04/ibge-embardada-ate-amanha-10h-0604>. Acesso em: 28 set. 2017.

Respostas

Capítulo 1

Questões para revisão
1. c
2. d
3. b
4. 1) aquisição de equipamentos digitais desde a segunda metade da década de 1990 pelas emissoras de televisão brasileiras; 2) disponibilização em tempo real de programas na internet; 3) produção, ainda em 1999, dos primeiros programas em alta definição; 4) aumento do uso de redes sociais; 5) apostas das emissoras de TV na convergência com internet, lançando portais como Globo.com e R7.com, da Record; e 6) expansão da tecnologia digital de transmissão.
5. O canal era considerado "popularesco"; suas novelas, excessivamente sentimentais e melodramáticas; e seus humorísticos, apelativos. Além disso, seus programas eram considerados grosseiros, agressivos e vulgares, como *O Povo na TV*. A explicação era que os dirigentes do canal haviam acumulado uma larga experiência com produtos e atrações culturais voltados para as classes populares e esquecido os anseios da classe média em ascensão a partir do final dos anos 1960. O público precisava ser constituído como consumidor e o SBT não trabalhava sua programação com esse objetivo.

Capítulo 2

Questões para revisão
1. d
2. d
3. c
4. Diferentemente do que muitos possam pensar, pessoas de todas as classes sociais, inclusive das classes A e B, assistem a esse tipo de telejornal.
5. (1) A alta audiência que colocou o programa em terceiro lugar na preferência do público da Globo, atrás apenas do *Jornal Nacional* e da novela das oito. (2) A ideia de associar interatividade, jornalismo e dramaticidade. (3) Linguagem voltada para as classes C e D. (4) O número de 400 criminosos denunciados ao longo do programa que foram presos.

Capítulo 3

Questões para revisão
1. b
2. a
3. d
4. A criação de um fechamento operacional em que qualquer informação externa é traduzida por uma descrição que o sistema faz de si mesmo.
5. (1) Autorreferência basal – Situada no controle regular do entendimento por meio de reações e confirmações daquilo ou de quem a precede; (2) Autorreferência procedural – Consiste na reflexividade real da comunicação, ou seja, quando se fala sobre o que deve ou não ser comunicado – é a metacomunicação. (3) Autorreferência baseada na reflexão voltada ao sistema – Exemplificada pela autorrepresentação, em oposição a seu meio.

Capítulo 4

Questões para revisão

1. c
2. a
3. d
4. Sua Santidade, o Papa Francisco, fará sua segunda viagem ao Brasil, o maior país católico do mundo, começando pela cidade de Natal, em setembro de 2017.
5. Porque localidades, povoados, municípios, e até mesmo países não são conhecidos pela maioria das pessoas. Para identificar esses lugares é comum relacioná-los a outros, estes sim mais conhecidos. As capitais dos estados ou dos países também devem ser localizadas. Ex.: Manila, capital das Filipinas.

Capítulo 5

Questões para revisão

1. d
2. a
3. e
4. Esse tipo de microfone é comumente empregado para tomadas a longa distância, principalmente em reportagens externas, em situações nas quais é impossível a aproximação do técnico de som em relação à fonte sonora.
5. Sem luz não há imagem, uma vez que o olho humano só é capaz de fazer registro de imagens quando alguma luz incide sobre a cena. A melhor luz para se usar em televisão é a natural, pois dá mais realidade à imagem e, claro, ajuda a diminuir trabalho e custos envolvidos na utilização de luzes artificiais.

Capítulo 6

Questões para revisão

1. d
2. b
3. e
4. O jornalismo interpretativo consiste, resumidamente, em um tipo de informação em que se evidenciam consequências ou correlação dos dados investigados. É fundamental em coberturas de temas científicos ou de economia, por exemplo. Também pode ser utilizado na política, quando o contexto de determinado episódio não está bem explicado. É a interpretação que permite ao jornalista apresentar os fatos de maneira que o público possa compreendê-los e, a partir daí, tirar suas conclusões.
5. No sistema digital não existe mais a fita. Agora é um disco (semelhante ao CD). A edição digital não é linear como a analógica, o que significa dizer que o editor pode inserir a qualquer momento elementos da reportagem (imagens, planos, movimentos de câmera, sons) em qualquer ponto da matéria, em qualquer ordem e sem precisar fazer cópias da reportagem. Também não há perda de qualidade por mais que se manipule o material digital.

Capítulo 7

Questões para revisão

1. d
2. b
3. c
4. O entrevistado detém informações que não pode ou não quer revelar ou não está disposto a falar, mas foi pressionado por sua assessoria. No primeiro caso, cabe ao jornalista insistir e usar de seu poder de persuasão para convencê-lo a dar declarações. No segundo caso, a indisposição deve ser trabalhada pela assessoria do entrevistado. O repórter, nesse caso, deve instigar do entrevistado com perguntas instigantes e bem elaboradas.
5. É possível seguir os conselhos do experiente jornalista Policarpo Jr. (citado por Oyama, 2015), que diz que se o jornalista precisa da informação, não deve, de modo algum, acuar o entrevistado, dizendo: "Na hipótese de ele estar envolvido na história, deixe-o concluir que você sabe do que está falando e que, se ele contar apenas a parte que não o prejudica, já é lucro. Mesmo que ele tente minimizar a participação dele, você pode conseguir metade da história. A outra metade você apura com outra fonte".

Sobre o autor

Gilvan Ferreira de Araújo é mineiro de Belo Horizonte. É doutor e mestre em Comunicação Social pela UFMG. É jornalista, publicitário, professor universitário e pesquisador dos dispositivos televisivos. Já trabalhou como roteirista, repórter e apresentador de TV, e atuou como repórter e editor de jornais impressos. Também trabalhou por vários anos como assessor de comunicação e consultor na área de comunicação em instituições públicas e privadas.

Impressão:
Outubro/2017